賀志堅著

文學叢刊

遊目騁懷觀光集

附錄：繪事後素丹青集

文史哲出版社印行

遊目騁懷觀光集

『隨意觀賞風景，使心胸奔放舒暢』。

王羲之曰：『所以「遊目騁懷」，足以極視聽之娛；信可樂也』。

——蘭亭集序

附錄：繪事後素丹青集

——詩經：『巧笑倩兮，美目盼兮，「素以為絢兮」，何謂也？』

——『繪畫之事後於素；謂先以粉地為質，而後施五彩；猶人有美質，然後可以文飾』。

——孔子答子夏問

遊目騁懷觀光集 目次

金門行

一、成功的電話

「賀先生嗎？」

「是的。」

「你和錢守義、陳以欣、丁再新三位，登記了去金門訪問是嗎？好消息；明天就可以成行了。」——警總張成功先生（代號），在電話中這樣告知。放下電話，頓時覺得：

過去的一些歲月、一切事務，全在這一剎那間，映現在眼前；而眼前的時刻和一切事務，卻似幻化得反而更遠更淡了。

——是追尋、是回憶、是憧憬、是回味；是幻化抑是重現？是歡愉抑是悲切？是愛抑是淚？是得還是失!?……現在與已往，全在這一瞬間，在周身上下左右展露開來，而且又迅速地，組合成如繁花一般絢爛璀燦，光芒四射。凌晨，步出國軍英雄館，尚頂著一身細雨微風，到達松山機場，登上參訪團的專機，就穿雲破霧向金門進發，到達金門上空，雲淡了風也輕了，飛機劈空而下，我們從心底發出一聲歡呼，就熱烈地擁抱了整個金門。

我刻意地，用雷霆萬鈞之力，抖落了一身歲月的沉鬱與暮寒，以及雲煙和風月，忘記了自己的遲暮，而努力地返回到，那串年青的日子——一個年青的戰砲長和一個隨軍記者。

二、金門的今昔

四十年前，我們都是乳臭未乾的小子，初履金門；這裡只是一片荒島，島上不僅沒有一棵樹，連小草也沒有幾根，除了在斜陽下的滾滾飛沙，以及一些黃硬的磽土之外，高凸的山上只見光禿的岩石，一點綠色都沒有；如今到處日雙手合抱不攏的大樹森林，迎風呼嘯；原野綠草如茵；農田禾苗茂盛，暗紅色的高粱，穗實波濤如湧，有的已經收割，高粱桿兒，堆積如山，高粱米舖晒在馬路兩畔，這是釀造高粱酒主要原料。

過去的金門，是一個荒島，被人喊爲「金門」，實在有點「浪得虛名」；現在的金門，才是的的確確，名實相符的，綠色寶島呢？它說是「金門」，誠乃適當不過了。

金門的老市區，是金城區，這裡原來就有整齊的街道，商業頗爲興盛；山外，卻是以後才興起的，可以說是金門的新市區，筆者幼年時駐在山外村，原來只有十幾棟平房，四十年後重返金門山外，昔日的模樣，一點也找不到了。山外的街道、店舖，由於是新開發而成的，比起金門城內的街道，要整齊多了。商業也特別興旺隆盛，市面非常熱鬧，各種貨器齊全，在臺灣買得到的，在這裡者有，金門雖爲前線，但一點戰火硝煙的味道都沒有，商家居民都顯得安祥寧靜，不像生活在戰地。

三、莒光樓重鎭一方

在機場聽完簡報後，就開車至莒光樓，這是一座用水泥注灌而成的，寶塔式的建築，樓雖不高，佔地也不廣，但由於設計及建築、結構特殊，能充分予人，以一種「堅實厚重」的感覺。因此，站在它的旁邊，就能使您從內心，激發出一種「重鎭一方」、「穩如盤石」的力量一樣。

接下去就是「古寧頭戰史館」，館中收藏的史料頗豐，小至彈殼、佩刀、軍衣；大至機槍、大砲，可說巨細無遺。尤其，那位替我們作簡報的少尉軍官，一臉稚氣，但舉止穩重，聲音鏗鏘，言語組合能力頗強，說話生動活潑，能將一些生硬的歷史資料，解說得如龍活現、實在難得，不過，在以後許多作簡介或指揮砲操的青年軍官，都頗爲稱職，尤其那位操作八英吋砲的中尉副連長，給我印象良深，可見官兵的素質，都是非常優秀。

四、激越昂揚感慨唏噓

參訪團抵達北山及湖南，兩個高地指揮所，許多當年曾參與防禦的人士，也許見景生情，感觸特深的原故，有的悲痛難抑，當場流淚痛哭；有的在一陣激越昂揚之後，俯首不語，感嘆唏噓，袍澤情深表露無遺。

五、現代軍人之神

離開湖南高地指揮所，轉抵李光前廟，馬路邊有石碑一方上書：「李光前將軍殉難紀念處」，凡路過的軍民，都會自動地肅然佇足凝視一番。廟雖不大，但青瓦、白壁、紅柱，也頗莊穆，兩邊的頂柱有付對聯曰：「秋霜浩氣凌霄漢；碧血丹心照汗青。」我們在廟前，由領隊率領，拈香祭奠。廟內供台上，香煙繚繞，香花水果滿桌，李光前將軍身著戎裝、頭戴大型軍帽，神采奕奕，端坐在神龕正中，自頸項以下，掛滿了善男信女們，祈福還願的金牌。李光前將軍，今被正式供奉在廟宇之中，受人祭祀血食饗之，眞眞正正乃是現代軍人之「神」了。

爲想留下一個歷史見證，曾兩度斜靠神台邊，用閃光燈替這尊——穿戴現代軍裝的「神」像，拍張相片，但由於信徒們，焚香燒紙不輟，香煙瀰漫，未能成影，我想：這尊戎裝「神」像，被善男信女，當「神」來供奉，可能也是民國以來的第一人吧！

中餐於金西某部，部隊長曾作簡短致詞：「四十年前，沒有各位老前輩的英勇奉獻，決沒有今天鞏固的金門。」他說：「所以他要代表官兵，向各位前輩致上：『無上的敬意；無比的感激。』」聽得老將們滿心喜悅。

飯後分別在迎賓樓和鑑潭山莊休息。

迎賓樓和鑑潭山莊，都是新近才建築完成的房舍，作爲官兵休閒中心，白壁紅瓦、窗明几淨、小橋流水、庭園魚池、假山亭台，各倚山坡地勢而建，每一小棟，都掩映在一叢叢綠樹濃蔭之中，眞是官兵休閒、晤友、開會、座談，調適身心的好場所。

六、寶月泉和高粱酒

金門酒廠以出產高粱酒，名聞中外，而金門高粱之所以如此有名，最重要的是大武山上，那口「寶月古井」中湧出的寶月泉水，清冷甘甜有一種特殊風味，所以釀出來的酒，也就香醇醉人了。車子剛抵酒廠門口，來不及下車風吹得濃烈的酒香，就陣陣迎風撲面吹來，確有「『酒』風吹得人人醉」的味道。酒廠大門也新貼上了一付對聯：「香醇天下有無如寶月泉；名揚國內外唯我高粱酒。」雖不算工整，但直截了當，開門見山，卻正合了軍人性格，與戰士們的胃口。酒廠的賈廠長，拱著手滿臉推笑，在門口相迎。他身杪壯碩、結實、滿面紅光。據他自己說：已六十多歲。寶刀不老，「功夫」特佳，乃是來到酒廠之後，天天陪客人喝「金剛酒」的原故。此君北地人士，舉手投足，語重聲粗，頗有燕趙之風，尤其口若懸河，把每一種酒的釀造過程，特殊功力和效應，都說得如靈活現，尤其說到「金剛補酒」——「固腎強精」的那種特殊效力，既打比如又說「實例」，「妙語」如珠，扣人「心弦」，大有一杯下肚——「羸弱者立成強漢，侏儒立變英雄。」使聽的人，暗生「深獲我心」的感受，又鼓掌又大笑，頓覺得如此神釀，豈能錯過，各人相互「會心一笑」，兩隻手只顧猛掏鈔票，我兩瓶、你四瓶、他六瓶……，賈廠長一面招呼工作小姐，大喊：「添酒！添酒！讓各位老英雄喝個痛快！」酒廠的酒，一箱一箱的，傾巢而出，賣得不亦樂乎，賈廠長還意猶未盡似的大喊：「買廠長造眞酒，賈廠長說實話！」各位回家之後，就「知道」了。

車子裝滿了人，更裝滿了酒，離開酒廠，到了陶瓷廠，陶瓷廠與酒廠，性質雖然不同，但兩者卻相互關連，因爲有酒，就必須有盛酒的器皿，有了好酒，更必須有好的酒器，才能襯托出酒的高貴與名氣。陶瓷廠與酒廠的關係，就這樣建立起來了，這是我的想法。當然金門當地，因有質地很好的瓷土，可以運用，也是原因之一，從下面這兩句寫在許多酒器上的詩：「一輪風月當歌飲；萬里江山帶酒香。」瓷與酒更是連在一起了。

最使參訪團的人，驚訝、佩服、讚嘆、謳歌不已的，當然還是：「太武山下的坑道、涵洞，以及那座花崗石醫院。」當我們被引導至「擎天廳」時，許多人看到這種偉大的工程，的確已經目瞪口呆，經連絡官許丁財中尉說：「廳的縱長爲六十公尺、寬十八公尺、高十四公尺，座位一千個，而它更可以作多角化的使用……」，是的，我的確沒有正面，細心地去聽，但我直覺地，在我內心有一種，無法用言詞，來表達的激情在衝動。我熱淚已經盈眶，我感動得想哭，抑壓不住內心的吶喊：「——這是比鐵還堅硬的石山啊！戰士們用圓鍬、鐵錘、十字鎬和鋼鑽，用雙手開鑿出來的呀！」想當年工程進行時，他們流了多少汗!?流了多少血!?一定更有人奉獻出了寶貴的生命，才成就了這千古不極的工程，看了這些——坑道、涵洞、醫院，能不感動？能不流淚？

走出一條坑道，又這入另一條坑道，我們來到了——深藏在花崗岩石之下的「花岡醫院」。據該醫院護理長孫美鳳小姐說：花岡醫院佔地八〇〇多坪，分行政、醫療、生活、動力……等區，橫線坑道三條，直線坑道九條，正常情況可收容病人三～四百床，緊急情況可以容納一千張床以上。這間醫院如果建在地面上，當然毫無新奇之處，而該花崗石醫院，是建在堅硬如鐵的花崗岩石之下，它的結構，沒有用半包水泥，沒有用一根鋼筋，以及一塊木頭一顆釘子；它是單純的，從一座整塊大岩石中，開鑿、挖空而成的——花岡岩石醫院。

我默然凝視，這些艱巨的工程，心中有千言萬語想說，但一字一句也不能成聲，我實在有太多的感動了。如果這時我身邊有一位戰士，我一定要緊緊的擁抱著他，不要說一句話，我只把內心的感動，化成滾燙的熱淚，奔流出來，也許才覺得舒適。

晚上，金防部司令官及副司令官韋中將，設宴招待，由於同司令官及副司令官同桌，席間兩位主人不斷向客人敬酒拈菜，尤其韋副司令官每一道新菜上桌，就率先爲左右鄰邊的丁再新和錢守義，倒酒夾菜，親切有如家人。今天的各軍種高級將領，對士兵對百姓，的確有如兄如弟、如手如足的境界。晚飯後，司令官及副司令官等，還在坑道前列隊揮手相送。對一些解甲三四十年的老袍澤來說，實在頗感溫暖與安慰的。

七、老「伙伴」重逢

第二日參觀「八二三戰史館」，由於下車較慢，我跟錢守義兄，沒有進入館內聽簡報，也許是錢兄曾經親歷「八二三戰役」，感觸比別人更多，下車後腳步就自然的慢了下來，就在史館前的廣場照相。他精神木然，這裡看看，那兒摸摸，也不言不語，我知道此時最好讓他靜靜地沉思，他有太多的回憶……我就在這當兒，發現了我的「老伙伴」——站立在史館前左側的草坪，一塊水泥平台上，一尊巍峨而立的一五五加農砲，它蛻掉了砲衣，精神抖擻的頡頏在這八月剛臨的陽光下。我趕緊跑過去，跨越鐵鍊護欄；我想一定是不准遊人跨越的；但我當時卻忘了，也顧不得這些規定，一口氣爬上了平台，忘情地倚偎在她身上好一會兒，才跳下來。三十多年不見，它整座砲身暗綠依然；射管光亮依然；砲架平穩依然；它依然、依然那樣豪邁、依然那樣粗壯，那樣挺直、那樣巍峨、陽剛、頡頏著長空。它啊！依然如此年青、壯碩，我又怎能說：「老了」呢！想到這裡，我的精神也爲之振奮起來了。

戰史館正路面的水泥牆上，用大理石鐫刻了「八二三砲戰」時，陣亡諸將士的姓名，金防部有張家驤將軍、吉星文將軍……，我正繼續一行一行的往下看，但眼睛的餘光，卻發現——下面砲指部第二名，一個熟悉的名字，似乎不停地閃爍、跳躍，我趕緊將視線移過去——砲兵上尉副連長黃玉玲——霎時，他黝黑的皮膚、胖嘟嘟的大個子身材，性格溫和，任勞任怨，從不生氣……，全映現在眼前——「是他，黃玉玲」，我讀砲兵學校時的同班同學，我們這一期除了一般砲兵學科外，最主要的課程，就是一五五加農砲，除了黃玉玲，還有李慶邦（師大畢業後赴美）羅中堅（廿四期已故）畢克、王忠和我。砲操時，我們輪流擔指揮操作，黃玉玲總喜歡擔射擊記錄。他熱心、仔細，一個標準好人。由於他有一個女性的名字，是我們在操課餘暇，起哄的好材料。在砲校大教場、成大校園、虎山靶場，都曾留下我們的歡笑。四十五年鳳凰花，紅遍了台南四分子砲校的時節，我們在畢業盛宴之後，就各自天南地北，從此再也未曾相見過，不意三十多年後，才從八二三砲戰陣亡烈士的名單上，找到他了。我明知祂的死，重於泰山，死得其所，但我仍流淚滿臉，默然佇立，久久不能自己。行文至此，願我官校廿一期及砲校四十三期同學，讀到此文時，請默然一分鐘，以示對玉玲同學烈士的悼念與哀思。

中午，車返迎賓樓休息，我和錢陳丁四人，又重回到山外村，這是我們以前的駐地，只要我們住宿過、工作過、遊憩過的房舍、地方，我們都一一重履其地，並攝影留念。由於飛機班次的關係，我們較原定的參觀行程，縮短了三小時，於十一時在金東某部午餐後，就逕往機場，於下午三時左右，返抵台北。

民國七十八年八月八日板橋

刊現代青年一〇〇期七十八年十月十五日

編註：作者當年在古寧頭戰役駐守小金門任隨軍記者——陸軍砲兵上尉，戰友周報特約記者。

江南紀遊

少小離家老大回，鄉音無改鬢已衰；
兒童相見不相識，笑問客從何處來。

一、遊子返鄉，歸心似箭

四十年音訊隔絕；四十年日夜等待；四十年朝暮期盼；四十年寢寐難忘的思念……
思念、期盼、等待，這一天早日降臨——
回去，看看故鄉的左鄰右舍、新朋戚友！
回去看看故鄉的山水田園、祖宅廬墓。
回去！看看故鄉的一切，一切……

七十六年十一月二日，政府在千呼萬喚之後，終於宣布了開放大陸探親的禁令，准許一些從大陸來臺的人，可以去大陸探親了。

我於當天上完第三節課，就驅車到臺灣大學附近的中華民國紅十字會。停好車後，我穿過了幾道人牆，許多白髮皤皤，滿臉風霜的老人，正在排隊領表；我因爲前幾天就看了報，要準備的資料，都先行準備齊全了，因此表一到手，當場就辦好了手續。

第二天在學校辦妥了辭職，十二月十日的下午，我就坐上了華航的班機，直飛香港，踏上返鄉之途了。

睡在YMCA賓館，一夜不能入眠，四十年分隔的悲劇，有許多不祥的心影，輪番在心中騰播，我衷心禱告：由於這次返鄉探親，在情感上可以稍獲慰貼，精神和心靈上，能稍獲安頓。

我雖然盡力壓抑我的思潮，不讓它起伏升湧，但心裡總覺得「太遲了！」「太晚了！」如果十年前開放，我可以看到我的父親；如果兩年前開放，我可以看到撫我、育我、長我的森娥大姐；如果六個月前開放，我可以見到我的奎安大哥；如果一個月前開放，我可以看到最關心我的姨娘最後一面……如今，這些都已成了無法彌補的人生憾事，長夜漫漫，叫我如何安枕呢？

十二日上午離開九龍，檢關手續非常簡便，驗關的人，知道我們是臺灣來的，也都很客氣，並不斷的說：「歡迎！歡迎！」

二、車過羅湖，江南風光

看厭了高樓大廈，心裡總夢想大地綠野。車過蕪湖，農莊茅舍、田野溪流、雞鴨牛羊，就零零星星，在車窗外出現，一派農村風光。尤其是那些紅土磚堆砌而成的磚窯，嬝嬝白煙、凌空縹緲；放牧牛羊的小孩在田野追逐……情景生疏，卻仍感親切。車過平和站，一棟棟的紅磚牆蓋青瓦的二層房屋，在田野、山邊、溪畔、樹叢……錯落而立；電視天線，亦時可發現。在田隴園圃之中耕田種地的男女，往來匆忙，一片平和之象。稻田園地非常平整，似乎經過規劃；鐵路也頗平直，與臺灣鐵路不同者，這裡的枕木，是用水泥鑄成的。

人隨著車蠕蠕而行，心也愈飛愈遠，朦朧的「鄉愁」，也隨著轆轆前進的車輪，漸漸地加深加濃了。

時正寒冬，山岡原野的草木已枯，田裡的稻穗已收割完畢，剩下的盡是稻桿兒和雜草，那些三三兩兩的水牛，懶懶地慵臥在田野之間，與奔走追逐的雞鴨鵝群，恰成對立的畫面。屋前屋後的空地上，有許多悠閒的老人在曬太陽，江南景色被點綴得更生動了。

深夜十一點多抵達湖南的株州，由於夜深，車站月台又不像臺灣那樣燈火通明，光亮如晝；四周都是一片黝黑，月台上的幾盞燈，照著寥寥的幾位旅客，格外顯得冬夜車站的淒清與冷落。

三、滿桌酒菜，滿懷鄉情

十三日凌晨三分，列車上的服務員，推門進來告訴我「列車已經越過湖南，進入江西，萍鄉快到了。」我趕緊披衣收拾行李，心撲通通的跳，因爲到了萍鄉，就可以說到「家」了。

萍鄉說起來是個大城市，但是出租汽車極少，尤其深夜，更是一輛車影也見不著，只好就近找家旅館住下來，以待天明。

我住的這家旅館，好像是火車站的招待所，沒有任何設備，一個房間內擺了兩張床，房內掛滿了晾曬的衣服，手帕襪子，還堆了許多雜物，儘管如此簡陋，得來還算不易了。因爲這個房間，原來有人住了，碰巧這位房客，攜了他的「愛人」去了長沙，才空了下來，我才有個暫時落腳的地方。在火車站服務所，喝了一碗稀飯、兩個饅頭，好像只要人民幣二角多一點，到蓮花有一六一公里，需時三個鐘頭，票價是三塊錢多，在臺灣高物價壓抑了四十年，聽來頗覺訝異。

在一塊吃早點的人，知道我是從臺灣來的，大多數的人表現很熱情，有的卻也顯得異常的冷漠。

承一位服務所的老人介紹，認識了一位年輕人，他自稱是農大的畢業生，因爲他也是去蓮花，於是我就請他一塊吃飯，飯後又同赴汽車站，我又出錢爲他買了一張票。他見我身邊有許多書，特別告訴我喜歡寫詩，並出示一本當地出版的詩刊，給我閱讀，於是我們就談詩了，在巔簸不平的車上，他寫了一首——歌頌「十三大」的詩，要求我替他批評或修改，我發現許多別字，程度之差，令人訝異。

從廣州到蓮花，這一漫長的旅程中，我碰過好幾個年輕人，我發現他們有一個共同點，特別缺乏幫助人的熱情，就以這位農大青年來說：我請他吃早餐，又代付車錢，我背著行李，手上又拖了一件行李，如果他熱情一點，是可幫著我拉拉才是，但是他卻只顧自己逍遙地，伴著我走在凹凸不平的馬路上，也不管我有多少困里，其實，我當時的確很希望他，能自動自發地，爲我助一臂之力的。在以後的許多場合，也似乎都是如此，甚至包括了我一位年輕親戚在內。

大陸的汽車司機，有一個共同的毛病，就是喜歡揿喇叭，馬路上有人就要揿，馬路上如果有脚踏車，揿得更厲害，要是有汽車迎面而來，更是在一兩百公尺以外，就長揿個不已了，聽來好不煩人。

自萍鄉至蓮花，要翻一個高背嶺，左彎右拐，翻山越嶺，路途的確險惡艱難，但是司機駕車的技術，我敢説那是一流的；在大陸上鄉下的汽車，都是老舊破爛得不成樣了。由於車票過於便宜，折舊率低，所以要買新車就難了，故一般交通工具都是破舊不堪的，包括我自廣州到萍鄉的廣滬客車在內。

記憶中的家鄉，幾乎找不到一絲一毫的影子。

經一位公安局的士兵用電話連絡，不久對主辦的劉、郭二位先生，開了一部奈及利亞牌的吉普車來接我，於是，我請他們送我去良方，但郭、劉二君，堅決要我先去招待所，因爲尹縣長、書記等都在那裡。

四十多年來，第一頓——晚餐，就在我的故鄉蓮花招待所用的。共餐的有七、八位，雖然我不喝酒，但「萬里歸來，滿桌鄉親」，不喝酒也能使人醉的。

席上的菜餚，都是家鄉的招牌菜，血炒仔鴨、辣椒炒泥鰍，尤其蓮花自己種植的一種包心白菜，甜嫩香脆，可口極了，至今仍回味無窮。在臺灣吃不到的土雞，好像是用香菇蒸湯，上面一層大大小小的銅錢油，那樣黃閃閃的，看過去就覺得津津有味了。

滿桌的菜，滿盅的酒，滿懷的鄉情，雖然四十多年不見，終是血濃於水，人是故鄉親，在我來說是毫無隔閡的一家人了。晚餐後，我的一位侄兒，來到了招待所，並一同回到我的老家良方廈布村。

我家的老屋已拆掉了，只剩下中間的廳堂，聽家人說：我們在高坵的五家祠，在文革時也被拆了，聞後不勝唏噓。

四、生活改善，擺脫貧窮

平心而論，大陸上的老百姓，生活是改善了許多，無論吃、穿、住都比四十年前好得太多，我到達大陸時，是冬天，每一位同胞都穿得很厚實，足可抵禦風寒，每一家戶除了燒柴火，還燒碳火；柴火供烹調，碳火（地爐）供熱身之用，講究一點的，另備木碳火盆，供人烤火，在四十年前，那能家家燒煤碳、燒木碳，可見生活不錯尚有餘錢呢。其缺點就在不講衛生，隨便吐痰、小便尿桶，還放在臥室之中，浴室也付闕如，如果，在這方面稍加注意，就不會被人說成「貧窮落後」了。

論「貧窮」，是因他們的享受不如臺灣許多，而臺灣則有過度奢靡的傾向。至於談到「落後」，我更不以爲然了，大陸在科技方面，據一般報章雜誌的報導，不僅不落後，反之大陸上還是挺進步的，爲什麼？大陸上可以製造飛機、潛艇、飛彈和火車頭了，人造衛星也在天上飛呢！據此，可見說大陸「落後」，是不正確的。由之乎，最近很多從大陸回來的人，都說一些不著邊際的話，其膚淺與幼稚，往往令人好笑；四十多年，我們雙方相互「調侃」「醜化」，我想：現在不要再搞這些無聊的事啦！因爲大陸上的人，不都是我們的親人嗎？我們巴望回去「探親」，回來後，說他們「見錢眼開」，說他們如何如何，這已經失卻探親的本意了。

其實，你出去了四十年，很幸運你現在的生活，較爲寬裕一些，既如此，親人見了面，送點禮品、包個小紅包，也是應該的，否則，你又何必千里迢迢去走這一趟呢？

五、趕建新屋，不求品質

我走過的地方如湖南、廣東、福建、江西，這些地方，有的路過，有的停留了很多天，新建的房子的確不少，不過其缺點，就是太過於粗糙、濫製、不講求房屋品質，抱著一種能蓋一棟房子就好，以一種類似比賽的心理，在搶建、在亂建，看到別人家蓋房子了，不管自己經濟能力如何，總要千方百計，也要蓋上一棟；蓋起來了的房子，大都連樓板、和門窗也沒有，牆壁也沒有粉刷，只好用筆刷，在隙縫處，畫上白線，作爲裝飾，的確太簡陋了。

至於一些老舊的房屋，就更嚴重了，經過幾十年風雨浸蝕，只居住又不去維護整修，您雖未親眼看到，但自想像中你也一定能勾勒出房子的內在和外表的形貌了，其殘敗破落的樣子，的確令人嘆息，尤其一些在文革時期，僥倖未被拆掉的祠堂、廟宇，更是殘破不堪，因爲，這些房屋不是任何人的私產，現在推行的政策，又是國有、共有，房屋壞了，公家不修，個人就更無法修了。因此，這些祠堂廟宇，大都拿來堆放農具及稻草之用，大都破爛不堪，小時候住過的祖宅，遊憩過的祠堂廟宇，倒的倒了、拆的拆了，剩下的也不是昔日的風貌了。

六、改善生活，開展副業

大陸上的土地爲國有制，因爲田地不是自己所有，所以人民對於田地，只知使用，並不愛護。我在飛機上，看到臺灣的田地，無論山坡、平地的農田，都整理得乾乾淨淨，但大陸上的農村田地，荒蕪乾裂，雜草叢生，沒有人在收穫之後，再去照顧田地，任其日曬乾裂，流水沖刷，很多的田地，每年只種一次稻子，就任其荒置，形成土地低度利用，因爲沒有中間作業，直接形成農村人力高度浪費，大多數種田的人，在第二次收割稻穀後，就沒有工作可做。

他們一般的看法是：臺灣人有錢，生活過得好，其實，他們並不知道，我們臺灣人之所以致富，乃是由於辛勤勞動而得來的。我也發現大陸同胞，不是懶惰，不知努力，而是不知無事去找事做，換句話說：中央有關方面，亦未作適當的開發輔導，找出一些副業，利用人民的剩餘勞力，使他們賺更多的人民幣，以改善他們的生活。因此，我覺得如何去消化大陸龐大的農村勞力，乃是安定大陸、建設大陸、繁榮大陸的首要工作。

此次返鄉探親，在故鄉住了七、八天，很高興我家有二、三十歲的子侄近三十人，其中除了幾位從事探採礦冶等工人外，大都從事農商。據說，他們從第二次晚稻收割之後，無所事事幾達四、五個月之久，這的確是不可思議的。

七、提倡教育，增添設備

在大陸探親期間，除了應酬或走訪一些兒時去過的地方外，我也參觀過兩所小學及一所中學；那間中學尚稱完善，校舍整潔，全校師生有一千多人，但兩間小學校，就看令人寒心了，距離理想實在太遠了。大陸上的中學，近年來大多已有自己的校舍，一般小學仍是因陋就簡，借設在一些祠堂廟宇之內，學生的服裝五花八門隨便穿著；桌椅黑板都非常破舊，一些附設的幼稚園就更差了，坐的小凳子、椅子，大小不一，有木頭、有竹子、有平滑的石塊，滿地都是小朋友撕碎的紙屑。

大陸的學制，城市與鄉村不盡相同，城市小學已經恢復六年制，鄉村小學，仍是讀五年就畢業了。爲什麼鄉村只須肄業五年就畢業，據說：乃是農村需要勞力。

一般中小學生，不像臺灣的學生，帶飯盒或在學校吃營養午餐，他們都是中午回家吃了中餐，再去學校上課。升學的壓力在鄉村地區不甚顯著，城市中的「重點」學校也許多些，有些地方「補習班」，這種新行業也在流行了。鄉村一般小學，在上課休息時間，就在學校空地上，跳繩或蹬在地上丟石子玩。運動器具幾乎沒有，連一架普通的小風琴也未看到。

我也承邀拜訪過幾個地方機關，辦公場所都是暫借祠堂民宅，一般公務員都穿中山裝，尚稱整潔，穿西裝的似乎未曾見過，倒是在街上行走時，一些年輕人有西裝革履者；美國牛仔褲風靡了全世界，但一般鄉村青年，仍很少穿著，據他們說：這種粗糙布料，做成的褲子無啥稀奇，棉質品他們並不喜愛，他們羨慕尼龍纖維的衣料，因爲輕便畢挺，穿起來頗爲拉風故也。

大陸鄉村青少年，吸煙習慣普遍，有一種臺灣沒有的現象，就是每逢客人敬煙，來者不拒，嘴上一支，手上一支，耳朵上還夾上一支，我在大陸探親時，就有一次義正辭嚴的糾正一位敬煙的長者，分煙給未成年的少年不對，而這位長者卻說：這小子雖只有十六、七歲，但吸煙的時間已經三、四年了。其他如喝酒也是極其普遍的現象。這兩種習慣的養成，可能是由於「得來容易」的原故，因農村可以自由種煙，可以自由釀酒，平時吸口旱煙，喝杯米酒，也不要花錢去買，久而久之，習慣就養成了，當然經濟條件改善了，農村生活又悠閒，也是主要原因。

八、車輛太少，乘客太多

自蓮花乘汽車祇花三個多小時，我又來到了以產煤聞名國際的名鎮——萍鄉。萍鄉車站，建築高大、寬廣，頗爲新穎別緻，比廣州車站豪華百倍，由於進出旅客不像廣州壅塞，就更顯得舒暢寬敞了。但衛生欠佳，安全管理欠周，常爲旅客詬病指責，與衡陽、株州並列爲三個扒手最多之車站。我當日在萍鄉車站購票時，就被扒去一二〇元人民幣。

去福建的福州，是臨時決定的，坐的火車是從萍鄉起轉鷹廈線至福州。大陸上的火車，較臺灣的火車要寬些，分硬座、硬臥和軟座、軟臥四種，坐位一排五個，列車類別分爲：特快、普快、慢車三種。

火車雖然老舊，但行車速度尙快，因爲鐵道平直，所以頗爲平穩，不像公路車顚簸不已。火車把我從城市帶進農村，又從農村帶進山谷，然後山谷、原野、農村、城鎮，交互在我眼前掠現，一種幅員廣袤，土地遼闊的感覺，不斷在內心升湧，一種對偉大的中國之愛，也在心中加濃加深。

九、江山綺麗，風光幽美

卅八年，我到臺灣是從福州出發的，從南京到上海，在福州住了幾個月，再從馬尾上船，即進入臺灣。

福州是福建的省會，因爲城裡的榕樹特別多，每條街道、每棟房舍都爲一叢榕樹綠葉所掩蓋，所以福州也簡稱榕城，福州竹于山在市區，山上的九仙宮娘娘廟，爲市民休閑遊憩之所，近郊的鼓山和銅山，景色之美，令人嘆爲觀止，臺灣街上許多市招，都喜歡用「三山」二字，即源於此。

因爲我的外甥女，在楊橋路一所中專讀書，在景州的表弟住址又欠詳，只好先租車至楊橋路，然後去泉州的豐州市，大陸上的出租汽車，好像沒有計時表，只憑司機開價，司機要多少，好像也沒有固定的標準，因爲沒有收據，我們從福州到泉州這一趟，聽說花了八百元人民幣，如果以八比一來折算，可說也是貴得驚人的了。

我的表弟是一個幹部，因病住在泉州醫院，泉州是一個歷史文化名鎮，最主要的還是有名的僑鄉，華僑們在海外賺了錢，就寄錢回來，起屋、建學校，這家泉州醫院，佔地頗大亦頗爲現代化，一切設備都很好，也是華僑捐獻興建的。

我的表弟患的是心臟病，我們四十多年不見，我怕他太激動，到了醫院，先遣小外甥進去，造訴他說有位朋友來看他，很久我才進去，漸漸進入情況，然而兩個人仍然哭了。

在泉州參觀了開元寺，廟貌莊嚴，佔地廣大，中共列爲重點文物保護，據說開元寺的名，還是唐玄宗開元二年親賜的呢！除主寺外，周圍建有一二〇所支院，有一千三百多年歷史，其中藏經閣，所收藏的各種版本經典，據一位寺裡人說：多達三萬七千多卷，寺裡有幾尊神像，但沒有善男信女去朝拜，因此香爐內也沒有香煙，不像臺灣廟宇，鐘聲鼓聲震耳若聾，香火薰得人眼淚直流的盛況，不過現在已經開始整修了，也許不久就可以恢復舊觀。

其他如清淨寺和伊斯蘭聖教墓，清源山我也參觀過，我對清源山特別欣賞。

清源山廟宇雖小，但風景奇秀，山色幽美，叢樹修竹，清泉奇石，特別引人入勝，尤其奇岩之上，雕刻的詩詞名句最多，讀來令人神馳不已。

十、福建似臺灣，臺灣如福建

從離開廣州，進入同安、惠安這些縣份，南國色彩，特別強烈，尤其泉州一帶的房佑，更脫離了紅磚瓦屋，古老形式，四角形的房舍特別多，大多爲華僑所建，因爲泉州等地出產花崗石，大部份的房子，均係用長條的花崗石條築砌而成，這種房子外觀非常整齊漂亮，有一種厚重結實的感覺，但根據當地的居民說：他們並不喜歡這種用花崗石條建築的房子，偶爾颱風地震，危險度特高，但是蓋的人仍然照樣採用，原因是較用水泥磚砌便宜的原故。

我從泉州坐豐州地質隊的公車抵廈門，大概兩小時左右，這裡是四個經濟特區之一

——深圳、珠海、汕頭、廈門。而廈門素有「海上花園」之稱，我們遊訪過集美、鰲園及廈門大學、魯迅紀念館等。

那天參觀廈門大學時，有兩個公安部的人士，把我們擋住，因規定進入大學校區，必須登記，於是走向傳達室的窗口，我主動告訴他們，希望能進入校區，傳達室一位女性服務員，要我們出示證件，因我們沒有任何證件，在胡亂慌張中，在口袋摸出了一張「身分證」，就交給她們，傳達室的人，大夥兒就圍在一起大喊：「來看啦！中華民國的國民身分證」——隨即把「身分證」交還給我，並說：「你們從臺灣來的？」態度頗爲親切。他們並沒有一般人常說的「統戰」啦！或者說「刁難」啦！一類的事情發生，就放我們進去。

第二天我告別了表弟一家人，就在廈門搭上「中國民航」的飛機抵香港，換搭國泰班機返抵臺灣，結束了一個了的探親之行。

八十八年六月十六日自由時報刊載
九十年七月卅日臺灣時報轉載
九十年五月十五日青年一〇七期轉載

黃陵祭祖記

我十餘齡時正就讀蓮花縣立高中，因大哥中籤，被強拉入伍當兵——陸路乘車，水路乘船，水陸兼程，一路被押解到了南京；從此遍歷了浙贛、京滬；橫渡了黃河、長江，乘桴浮海進出過太平洋，最後流落在臺灣。四十年來，臺灣同胞稱我為「大陸人」；我三次返鄉開會和探親；大陸同胞卻又稱我為「臺灣人」。世上有無根的浮萍，如今卻真有「無根的人類」了。處境如斯，情何以堪!?因有所感，特以詩記之：

我來西安謁黃陵，不爲祿位不爲名；
一柱馨香繞千樹，魂牽夢迴爲尋根；
聖陵古柏翠森森，銜哀含淚陳心願；
江山一統隆國祚，民康物阜望河清。

——原詩刊西安晚報

一、黃陵——橋山祭祖

一九八九年十月六日，因應中共「中華民族子孫黃陵祭祖謁陵接待委員會」之邀請，特參加了「中國統一聯盟」，組成的「臺灣學者專家教授名流黃陵祭祖訪問團」。我第三次又回到了，日思夜夢的故鄉。

於黃陵縣招待所西樓早餐；在臺灣一些北方小館子，用作招牌招徠顧主的「小米稀飯」，如今眞眞正正的擺在面前了，黃澄澄的，沒有喝就覺得親切有味。餐桌上還有許多麵食和小菜，都是在臺灣沒有見過的，因爲時間太緊，就「囫圇呑棗」一般，吃下去了。到一個地方吃了一種食品，連名字也不知道，也是一種損失。

八時祭陵隊伍，由音樂學院的學生，浩浩蕩蕩引導出發，領隊主祭陪祭的人，都身披黃色繡著龍的故鄉在黃陵；古老的中國一條龍；龍的傳人……等彩帶，儀容壯盛，頗爲熱鬧。

黃帝陵位於黃陵縣北面，一座名爲「橋山」的小山丘，陵墓的規模甚小，黃帝的靈碑，是一塊長青石鐫刻的金字石碑，和一座用木柱起造的多閣亭式的牌樓組合而成的，雖然建築結構簡單樸實，但也無損於內心的，那份意識的莊重與崇隆。我在祭典開始與終了，情緒都呈現著激動與亢奮，雖未放聲大哭，但亦泣不成聲，淚流滿臉。我之所以默然流淚，嚶嚶哭泣，乃是感念自己的一生，東飄西蕩，五十多年過去了，仍找不到一個落腳的地方；而緬懷我偉大的民族人文始祖——祂，不也是顛沛流離，一生沒有好好的安頓過嗎？黃帝祂生於山東壽丘，逝於河南荊山，而葬於陝西橋山，亦可謂：漂泊一生，「居無定所」矣！

祭典進行時，橋山山下的四周居民，便扶老攜幼來上香跪拜，一些老婆婆和兒童少女，手上各捧一些用麵來做成的糕點，施施地來到陵前。祭品雖少而微，但那份虔敬與誠心，是可以看得出來的。她們有的口中喃喃有聲，有的嚶嚶垂淚，我感動不已，眞想拉住一位老婆婆擁抱大哭一場，才覺得舒坦一樣。中國老百姓大都純樸善良，誰能使其安居樂業，不虞匱乏!?而今而后——沒有戰爭！沒有恐懼！沒有干擾！沒有饑餓！過一個寧靜安祥的歲月!?我來黃陵，我衷心禱之。

祭黃陵事畢，我佇立橋之山巔，環顧眺望，我發現黃陵保養維護的工作太差，黃陵固然沒有作一個整體規劃，岡上的道路也沒有維修，尤其橋山的松柏，凋萎枯朽，老態畢露，已失蒼翠之姿，有太多的柏樹，病蟲害已相當嚴重，樹幹枯朽、腐敗，枝葉太多乾澀、焦黃……若不趕緊防治，後果實在堪慮。尤其，應趕緊加種新種，使其自然更新，以期保持黃陵的長青和蒼翠。

二、黃陵縣夜遊

在黃陵參加「全世界中華民族子孫黃陵祭祖大典」後，並由政協副主席魏明中、陝西省政府副省長孫達人等與臺灣訪問團人士一行，舉行「和平統一座談會」，會中自臺灣去的、及大陸各地來的人士，大都放言高論，對統一的意見頗多，但就是沒有一個人提出：國共兩黨都把軍隊交出來，國家的陸、海、空三軍，永遠置於各個派之外，我覺得和平統一的方法與理論很多，唯有這個最重要，很可惜在臺灣、在大陸，就是沒有一個人願意提出來。因此，我覺得中國人談問題，都是談浮面的；難怪許多談判，都談不出結果來。

在黃陵街上——其實只幾家店舖——散步、觀賞夜景，由於路燈不多，而且間隔太遠，馬路正在整修拓寬，兩旁堆滿砂石、黃土，路況高低不平，步行困難，而且微風細雨；我沒有穿毛衣，更感涼意襲人，與臺灣的天氣相比，冷得實在太多了！

黃陵老百姓住的，仍是土牆瓦屋的房子，而且非常老舊與低矮，因燈光亮度不高，大概是四十燭光，所以更顯得昏暗。我跟每文兒一前一後或併肩而行，經過幾條用石板拼成的巷道中，每一家的門都是關著，有些門口坐著三五幾個老人在聊天，衣著好像都比不上我前年在江南各地，見過的那樣整潔；房屋的外觀也顯得破舊，西北比起江南，可能稍爲窮困一些。

我在黃陵接觸的地方官員不少，他們與我前年第一次去時，大不相同的地方是：每一個人都印有「名片」，而且每一張名片，都是中英文對照的，沒有一張是例外：前年我在大陸住了一個月，除了在廣滬線的火車上，邂逅江西景德鎮日報總編輯曾春生先生，他給了我一張外片外，我們江西吉安地區陳書記和蓮花縣的尹縣長，以及其他重要幹部，大都沒有印名片，只是口頭介紹而已。只隔一年，大陸同胞印名片之風，居然如此盛行、流行，進步之速，追求時髦之切，令人驚異；而且大多數的「頭銜」都是挺多挺大的。這種風氣，可能是由臺灣去大陸的旅遊人士，傳送過去的，我曾在大陸收到過幾位「臺灣人士」的名片，上面印的「名銜」有五、六個，甚至七、八個，董事長有三、四個，總經理、負責人等不一而足；最奇怪的是，我回到臺灣，按名片公司電話與該等人士連繫（受大陸同胞之託）居然皆係「空號」。這是兩岸開放以來，雙方自我「膨脹」的「惡性」結果，有朝一日總會發現，雙方是相互在「欺騙」，就不是味道了。

暢遊長安古都上海名城

一、參觀的人多，接待的人更多

黃陵祭祀畢即返西安唐城賓館。賓館不高，佔地卻頗廣，大廳尤其富麗堂皇，廳中有兩根頂柱，金光閃閃發亮，越發顯得高貴氣派，接待的單位和人員特別多，中共對參與的人，似乎沒有什麼限制；人多對客人固可表示熱忱，但在花費方面，無寧說是一種浪費和浮濫，實在過於舖張，而且每天都是大排延席，美酒佳餚，我眞擔心他們如何才能報銷!?

西安市爲陝西省會，即是昔日的長安城，市中心的「鐘樓」，近年來已成爲購物和散步的繁華鬧區。只要你爬上鐘樓，可以遍覽整個市區和街道，大馬路上的行道樹，扶疏又蒼翠，綠意盎然，頗爲美貌。

我參觀過秦始皇兵馬俑現場的二、三號坑及法門寺和幾座有名的陵暮。唐朝十八座陵墓中，以乾陵爲最大，以及其他的許多名勝古跡。我一面參觀一面冥想，這個從周至唐，一千三百餘年，共十二代王朝的國都，歷史璀璨，文物絢麗，政治、經濟、文化⋯⋯

……均繁華一時，蜿蜒長遠，崎嶇險巇的絲路，是以這裡爲起點和終點，的確是古今名城，可看、可觀、可供憑吊，更啓人幽思的人事地物，實有如恆河的沙，滿天的星，還有過之而無不及。長安，它曾經滿載著歷史的欣榮與繁華，滿載著人世的苦痛和辛酸，也滿載著各個朝代帝王興盛與衰亡的回憶，其間，有令人說不盡的興奮與歡愉，也有令人數不盡的惋惜與哀傷！

二、上海外灘景物依舊

四十年前，一些遊手好閒的人在此買賣黃金與銀洋，今日亦然，只是變成兌換美鈔。

每文每到一處名勝古蹟，總忙著蒐羅寫作材料，最初鉅細無遺，中途揀精挑肥，最後面對値得收集的資料實在太多了，他卻感到煩惱了。難怪顧盛要說：「整個中國是一所艱深的大學，要從裡面捧出一個學位出來太難了！」眞所謂：「不入其門，不見宗廟之美，百官之富」同一情景。任何一個來到西安的人，對這個歷史名城的勝跡佳景，無不從內心感到訝異和讚嘆的！當我們搭上從西安直飛上海的飛機，眞的有一位老兄站在機門口，情不自禁的大喊：「西安，我愛您！」我聽後也爲之動容，心中爲之悵然！

從西安到上海的航程，只需兩小時多一點，但在通關的手續，卻花了比飛行的時間還長，抵達奧林匹克賓館，因一部份佛教團員，要參加上海和平祈福大會，當即轉往法海寺，另一部份學人逕返台北，還有一部份各自返里探親「訪問團」實際上，就此解散了。我在上海住了三天，才搭火車至江西省會南昌，再換乘汽車到我的故里蓮花。

上海市，是我舊遊之地，卅六、七年在南京讀書，卅八年一月，才從南京抵上海，初住麥根路和同學常到新世界先施永安公司閒逛，坐上車請司機先生開車前往，才知道已經沒有了，有些店也改了名，市面的確非常蕭條。

外灘，是上海最繁華的地方，雖只住兩三天，但我卻去了兩次；上海變得太多了，唯有外灘，仍然保持了它昔日風貌，人來人往，都在兌換黑市外幣。四十年前一些遊手好閒的人，在這兒買賣黃金和銀洋；今天一些遊手好閒的人，在這裡兌換美鈔。三十年風水輪流轉，四十年過去了，外灘卻一點也沒有轉呢!?外灘的形貌，像極了臺灣的基隆港。

我對夫子廟印象很深，我請司機開車前往，他卻把我跟孫君送到了城隍廟——現在我才記起來，夫子廟是在南京，這裡有許多傳統的遊樂玩意、茶舖、酒店、南北雜耍、各種美食，應有盡有，有點像臺灣西門町和圓環。上海豫園是一座有四百年歷史的名園，原主人爲潘允端，潘氏在萬曆年間，四川布政使，其父曾任御史和刑部尙書，爲了「愉悅親老」，特闢建此園；而豫與渝通義故名「豫園」。我們一行由於接近傍晚時分進去的，因爲工作人員要下班了，聽說我們是遠道而來的客人，所以特別通融，我們也怕耽擱別人的時間，走馬看花，只知分東西二園，東園多爲怪石、假山、岩石森峭、池塘拱橋，頗富丘壑之美；西園則以建築、花木爲主，畫欄樓閣，柳然深院，曲徑迴廊，千花百樹，點綴得非常幽雅。這些精美的設計，深具巧思和匠心。

山河暮寒 雲煙風月

——南昌故郡、洪都新府

一、盡覽故園風景聊慰鄉愁

從豫園出來，即在豫園附近的一家餐館用膳，我、孫君和一名司機，把菜點好要了飲料，但等了很久，就是沒有把飯拿來，問服務人員，才知道飯與菜要單獨買票，第一次在廈門和我兩個外甥，也出過這個洋相，有菜無飯，原來上海這大口岸，也是一樣，只好另又買飯票，才算把一頓飯吃完。到館子去吃飯，點了菜，還要另外點飯，在臺灣認爲是奇事，但在大陸乃是「名正言順」的，因爲你只點菜，就沒有飯，飯是另外算的。

上海站是新蓋的，還有原來的老上海站，新的頗爲寬敞新穎，但比起台北的新站來，格局與設備，尤其設備，就遜色多了！幾乎談不到設備。

上海有些飛機至江西南昌，而且票價比火車似乎還便宜些，但我選擇了坐火車，依孫君的意思是，可以從車窗內，一路欣賞風光，把四十年不見的祖國山川田園、岡陵原野、鄉村城鎮的風貌看個夠，看個飽；四十年流落海外，對故國的一切，的確無時無刻，不寄以深切的惦念。滿身背負著祖國山河的暮寒、雲煙和風月，滿心馱載著，同胞的依戀和關懷，親情和恩澤，這滿身滿懷的愛，縈迴腦際，充塞胸膺；此刻，更因爲子系兄等之盛情歡送，——這份別離，益增心情沉重而濃烈許多。

卅八年（一九四九）我在上海江灣空軍子弟學校，待了三個多月，四周的環境，仍依稀有些印象。一登上火車，我就想尋找這個——江灣車站，直到出了上海，也沒有發現，不是在前面一站，就是名字改了，有如上列的先施、新世界、方安公司一樣。

火車上人擠人，秩序比起上一年，我從廣州到萍鄉，廣滬線列車的情形比較，就更差了，由於乘客實在太多，服務品質，也就無法要求了，只要有機會能擠上車就好，對於列車員的服務態度，人家是不會去要求的，儘管大家相互容忍，但是在上海到南昌途中，旅客和旅客爭吵，旅客和列車員爭吵的場面，至少有三、四次之多。有一次就在我的隔壁房間，一個病患的家屬和一個旅客大吵，因爲病家希望換在下舖，方便侍候病人，雙方就是堅持不讓步，最後我跟那位病婦，易舖而臥，總算平息了一場爭執。一位鄰舖的長者，搖著頭對我說：「現在的年輕人，大都火氣過旺，容忍與禮讓之風，完全不講了。」他說：「須要再教育、再改造！」據他自己介紹：他是湖南退休了的書記！他穿一襲藏青色的中山裝，儀態頗爲莊重。

二、南昌清晨，街樹清新

自上海至南昌，我沒有吃飯，因為兩三次擠到餐廳去，都是人滿為患；最後一次是開飯的時間過去了。第二天上午八點，抵達江西南昌，走出車站廣場人如潮湧，推過來擠過去，天又下著毛毛細雨，車站搬運行李的工人，為了搶生意，把我的頭都搞昏了，手提包的背帶也拉斷了，皮箱提跑了，我火了，大聲叫喊，才把箱子拿回來，我覺得這樣不保險，就站在原地不動，有一個女的跑過來：「好！就是您，請帶我去江西會館」……子系兄在上海時，告訴我去找政協的什麼人，我也被擠得忘了！

清晨的南昌街頭，又加上細雨紛飛，路上雖然很濕，但埥道兩旁的行道樹，倒是顯得新鮮和清綠，空氣好極了，喉嚨心胸舒承爽得很，坐上那輛小篷車，一路嘀嘀噠噠，長驅直達「江西會館」。我把錢給了她，皮箱放在地上，「嘟」的一聲就跑了，也不管我啦，我只好另請一個老鄉，不，我應該講老表（這是我們江西人的習慣），抬上台階搬進會館的大廳。

承會館中一位值班經理的幫忙，把我的一位堂兄弟，也是我小學老師奎泉兄的兒子——賀浦雲找來了，這孩子小時我還教過他讀「三字經」，也算是他的啓蒙師，如今他是南昌市郊外區衛生局的局長，他來了之後，將行李放在會館，就一同去早餐；說早餐是不合理的，因為我先一天從上海市到現在有三餐沒有吃飯了，找了好幾條街，才有吃飯的地方，加上又是微風細雨的天氣，路上濕、臉上濕、心也濕了，我幾次起意，想把行李交結賀浦雲，帶回蓮花，我再搭車返回上海。

南昌爲我們江西的首善之區，一個車站秩序如此紊亂，實在出人意外。賀浦雲請會館的經理，找來的一部計程車，當面說好價錢七百七十元。賀浦雲爲了顧及我的安全及消除路上的寂寞，隨車陪我同行，實在感激，如果沒有他，這趟「故鄉之旅」，將不知道有多少困難。因此我要奉勸返鄉探親的台胞或觀光的人，最好少帶行李，因爲車輛少，搬運的確費時費事。

很多人去了大陸，就會刻薄的說：「落後」！但是我去過三次，仍然堅持自己的看法：「頗爲進步」。一般人都把評斷的語調下錯了。大陸是頗爲進步的，尤其科技方面，臺灣要不知落後他多少倍，他可以出售飛彈、潛艇、飛機、火車頭甚至衛星，這那裡是落後，大陸因爲人多，到處顯得壅塞、雜亂、擠和髒，因爲一般人都說：「髒是落後的現象」。

我另外還有個發現：大陸目前雖然「窮」，但窮得有希望，因爲一般人民，不像其他「貧窮」的國家的人民，只知道在路旁向人伸手，躺下來在牆跟下晒太陽，等著政府或別的國家來救濟，那種好吃懶做的情形，大陸人民活得有理想、有明天，這種「窮」是可喜的，我敢預測，如果沒有什麼「意外」發生，不消幾年就可以趕上臺灣。另外一種可喜的、潛在的希望是，大陸一般人，不管老年和少年，窮人和富人，國家、民族的意識，均甚強烈，這是難能可貴的。

一九八〇年八月卅一日、九月一、二日臺灣日報連載，原標題：（探親的故事）

峨眉山好天氣好風景

壹、中國四大佛教聖地之一，武俠小說常以它作背景

至於「髒和亂以及擁擠」，只是普通的現象，如果能下定決心改善秩序，能注意清潔，不隨便吐痰、便溺；雞鴨鵝群，豬狗牛羊，改放牧為圈養，就不會有到處是排泄物，沒有腐敗臭氣，蒼蠅蚊蚋，也就跟著少了，再約束家戶大小不亂拋垃圾，一個清潔的環境就出現了，「落後髒亂」之名，就自行去掉了。

我第二次回家，是「六四」天安門事件之後不久，社會清況，也許稍微緊張一些。第一次住了好幾天，治安單位沒有人管過；但第二次住了三天，卻有人帶便條來，說是：外來客人廿四小時內，要到公安局去辦個登記。正好要去招待所，順便請一位親友，把護照拿到公安局去，辦公的人還特別強調：別誤會，只是單純的辦個手續而已。這也是合理的，只要有法，大家就必須遵守，這是維護社會良好秩序的基礎。

一、遊四川峨眉山

「訪問團」一部份團員去遊普陀山及九華山，我因返鄉探親，未克參加，廿一日從

萍鄉折返上海，復與訪問團子糸君會合，廿三日從上海虹口機場，搭機直飛成都——攀登峨眉山，這個蘇東坡的老家。

峨眉山（四川），相傳爲六朝時，愛賢菩薩應化之道場，與五台山（山西）、普陀山（浙江）、九華山（安徽）合稱爲中國四大佛教聖地。峨眉山（三〇九九公尺）中寺院頗多，而氣候非常溫和，風景清幽，有「峨眉天下秀」之美譽。而且歷代寫武俠小說的人，都以它作題材和背景，同行的一些佛教弟子和信徒，一路行香跪拜，心甚虔誠，其中萬年時、清音閣、報國寺等廟宇，建築較爲別致，但所有寺廟中焚香燒紙的人不多。

上峨眉山的交通工具——滑竿。原以爲是兩人抬的轎子，其實祇是用兩根竹桿，中以竹片編織串連起來的躺椅而已——即前期部隊在作戰時，運送傷兵的擔架，美其名爲「滑竿」，實在有些掠美。對於乘「滑竿」上山，實在應該取締，那些苦力，應輔導其從事另外行業，實在太苦了，開闢道路上山，是亟須儘快定個計劃了。

遊峨眉山歸來，夜宿錦江賓館，而賓館的右側，就是岷江，憑欄眺望，波紋粼粼？江風鳴樹、江流有聲，遊客們一聲聲悅耳的：「椰林模糊月矇矓，漁火零落映江中，岷江夜，恍如夢……」的歌聲，觸景生情自動地哼起來了。岷江，因爲都是圓潤的小石，水清又可見底，看去有如玻璃，故也稱爲「玻璃江」。陸放翁有詩曰：「玻璃江水千丈深，不如江上離人心。」就是指岷江。不過，現在的岷江，也是混濁不清，污染頗爲嚴重。

岷江和大渡河交會處，斷岩峭壁，那座高度超過臺灣彰化八卦山五、六倍的大佛——樂山凌雲大佛，就在這裡。四川省的樂山縣，因爲有這座「世界最高大的坐佛」，而聞名於世。這尊彌勒大佛，因穿鑿岩石峭壁而雕刻，工程浩大艱難，據說：歷經九十年始克完成。其持久與恆心的毅力，的確令人佩服。

夜陪梁老師和子系兄等去錦江賓館友誼商店，買絲綢衣料，因爲樂山的絲綢頗爲有名，卻聽到友誼商店的小姐和櫃台小姐在開玩笑：「樂山出綢、眉山產絲」，原來「絲」是「蘇」；——蘇洵、蘇軾、蘇轍。蘇家一門三傑，眉山的靈秀，完全被蘇家佔盡；因此，眉山縣的人，並不喜歡；有歌謠曰：「眉三生三蘇，草木盡皆枯。」話雖如此說，眉山縣還是建了「三蘇祠」，來紀念他們這三枝「絕筆」。眉山這個本來孤陋偏僻的小鎮，自從有了「三蘇父子」，而也「眉山天下聞」了。

二、自揮別峨眉，飛回臺灣

峨眉山歸來，是十月廿七日晚上，由行程已近尾聲，飯後就在附近的街上閒逛。錦江賓館周圍，正是成都市場中心，夜市很是熱鬧，臨時搭蓋起來的「藝術長廊」，兩邊垂掛的書畫文物、奇木怪石、瓷陶古器，特別繁多，未成名及已成名的書法家與畫家、刻雕家藝品和畫幅、琳瑯滿目，眞是美不勝收，價錢都很便宜；尤其，一些木雕石刻的藝品，擺得滿地皆是；有些天然怪石、奇木、巧物、古樸拙眞、形勢自然成趣，如果不是路途太遠，搬運困難，下番功夫精挑細選，不難在其中發現珍奇異品的，奈何身爲天涯遊客、行腳無定，儘管滿地是山川之精英，乾坤之至寶奇珍，也只能口上讚美，止於心裡艷羨而已。我跟子系踟躕瞻睨，回而復顧者再三，最後仍以—深入寶山，空手而歸的心情，向這「藝術長廊」，依依揮別，只刻了兩顆長石印章，以作此行紀念。

回至館中，與子系兄等，傾談至凌晨，天剛破曉，訪問團的伙伴，就已將各自的行李，搬出賓館，開始要向機場出發了，離愁頃刻就飛在每個人的臉上：「何處秋風至，蕭蕭送雁聲；朝來入庭樹，孤客最先聞。」相聚就是別離的開始，信來有徵矣！

子系兄飛廣州，時間是七點多，我飛香港，卻是八點四十，十時左右抵香港，先去辦好轉機，就提著小行李，站在登機門口，「問有沒有空位」？還好，十二時五十分，就僥倖地擠上去了，提早了四五個小時回到臺灣。黃陵祭祖，返鄉之旅，都算順利結束了。（一九九〇年八月一日追記）

九〇年八月廿六日臺灣時報連載

滿城榕樹話福州

福州，我去過兩次，它的確可以夠得上說一聲：「美麗的都市」，有山有水，有榕樹的濃蔭，街道上的行道很整齊，大多都是榕樹，最難能的，是又高又大又青綠，幾乎某一棟小閣樓，都被濃蔭的茂盛所覆蓋，雨天蕭瑟，晴天艷麗，雖沒有進入室內，打他們門前經過，就會感染一股「舒暢」的意味了。

由於跟臺灣的基隆港遙遙相對，距離只有一百多海哩，氣候與臺灣相同，語言、生活習慣，都大致相似，離開臺灣到了福州，心裡和情感上，毫無離鄉背井的感覺。這裡因爲出產甘蔗，它也像臺灣的鄉村郊外，一綑一綑的新砍下來的甘蔗，一邊削一邊吃的情形，就有如臺灣的南部農村一樣，走累了，口渴了，買一包現削好的甘蔗棍，坐在路邊的樹蔭下，咀將起來，這情景就和在臺灣家鄉一樣了。

福建是中國著名的僑鄉，福佬到南洋去，大都從福州出海，乘長風破巨浪到外地闖碼頭，中國人勤勞、節儉、刻苦，不幾年就腰纏萬貫，衣錦回鄉，於是一棟一棟的小洋房，就在福州城裡城外蓋起來了，所以福州頗有異國情調。

鼓山和于山都在福州市區，于山幾乎是在大街上，從大馬路上，拾一百三四十個石級，就進入山上的九仙宮娘娘廟，因太接近市區，遊憩的人特別多，夏天炎熱，在這兒喝杯清茶，聽聽鳥啾蟬鳴、鼓聲和鐘聲，把眼睛一閉，你不入佛也是僧了！加上那縷縷的香煙，縹渺升騰，隨風飄散，此時的心、身緊綳的神經，也跟著香煙一樣，鬆了！散了！舒暢了！仙了！

福州市也許是由於靠近海岸，是福建出入的門戶的關係，一出火車站進入五四路，一路上的賓館特別多，眞有五步一樓十步一閣的情況，大概以東大街爲市區中心，這裡最爲熱鬧，商業活動流暢，西禪寺也在這個區域，我記得還有一家「臺灣大戲院」，也在附近，過東街就是機關學校最多的環城路，最大的百貨公司及福州市人民政府也在這裡。你要機票去廈門、香港，附近也有一處民航機票售票處。西禪寺、鼓山、于山皆爲重點文物保護區，以前燒香的人不多，開放探親、觀光以後，臺灣的香客，也如潮水一般，湧進了三山——鼓山、于山、銅山，寺裡的神像，大都是新雕塑的，油漆都非常鮮艷，目前香火不旺，不知會不會把在臺灣的「拜拜」狂熱，帶進這些寺廟來，就要等著瞧啦，看樣子是避免不了的，大陸同胞的生活，近年來已改變了不少，人小有錢，迷信就跟著來了。燒燒香拜拜佛，倒也不是什麼壞事！來個「風調雨順，國泰民安」嗎！

泉州清源寺第一山

泉州，是我國東南沿岸的重要海港，歷史文化的古城，又是古代「絲綢之路」海上的起點，更且是華僑最多的「僑鄉」。

這裡，現在又是新興的經濟特區之一，誠所謂古今名城，由於襟山帶海，又復山清水秀，景物宜人，名勝古蹟之多，不可勝數：開元寺、東西塔、清淨寺都是觀光的重點，到了泉州必遊之地，還有鼓浪嶼、普陀寺、龍山時、清源山……尤其清源山，你如果不去，就算白走一趟了。

開元寺在市區的南面，是重點文化保護地，開兀寺這塊名匾，還是唐玄宗開元二年，皇帝老爺，親自書寫頒賜的！有一千三百多年的歷史，寺內所藏經典，多達三萬三千餘冊，佔地頗廣，除了主寺外，尚有百餘間支院，敬香的人卻不多，寺前有幾株大樹，枝葉特別肥茂垂到地面，益增幾分靈氣。

清源寺不怎麼高峻，但秀麗異常，素有「閩南蓬萊第一山」之稱。在泉州的北面，根據該山講解員蔡一玲小姐的口頭介紹：清源山風景區，由清源山、九日山、伊斯蘭聖教墓三大風景群組合而來，總面積達六十二平方公里，主峰海拔四九八米，距離泉州市區中心，僅只三公里。

清源山又名泉山（山泉多），也叫齊雲山（山高入雲），又稱北山（位於北面）因三峰鼎寺，故又稱三台山，中國人喜歡取名字，由此可見，清源山雖不怎麼高峻，但氣勢的確雄偉，山相的確絢麗，林寄幽壑，竹含煙翠，流泉處處，益增清幽雅致，合了那句：「山不在高，有仙則名」的話。它的特點就是山洞多達卅六個，有看不盡的仙跡勝景，其中老君岩、彌陀岩、千手岩、瑞象岩、碧雲岩、虎乳泉尤爲有名。根據清源洞旁明萬曆年間的紀德碑載：「四方賓客，本州士庶，樂慕名勝，遊覽不絕」。其中構成清源山，風格別具的是，自唐以來一般文人雅士，在山上各處的岩石上，用眞、草、隸、篆各種書法，磨岩雕刻，爲數五、六百幅以上。

明代抗倭名將俞大猷練武處有一岩石，名「練膽石」，也親刻「君恩山重」；文起八代之衰的韓愈和他同登龍虎榜，也是福建第一個甲第進士歐陽詹讀書處的歐陽石室，以及近代高僧弘一大法師（李叔同）墓塔，及其臨終前的遺墨「悲欣交集」石，都歷歷在目……形成在其他名山勝蹟中，少有的石刻文化史跡。其石刻之多，被譽爲：「山丼無石不刻字」，可見一斑。

被稱爲是宋代石像雕刻藝術的代表作之一的——老君岩，岩是道教教主李老君的巨型造像，據傳爲北宋時，由一座天然岩石雕成，神情莊嚴，端坐在一座小山丘，垂耳飄鬚，意態浩然，引來不少遊客，佇足觀賞。作者一時興至，也站在身旁留了一影，作爲紀念。

據導遊說，原來像旁尚有一道觀，文革時被毀，只留下這尊老君石像，神情凝定地，盤坐在這一片矮樹林中相思樹，無言的頡頏著風雨。由於它是老君像中之最大者，所以又被稱爲：「天下老子第一」。

除了老君坐像，就是伊斯蘭聖墓和彌陀岩了。這個山上，原來就是「儒釋道」三家混合組成，以後加入了伊斯蘭和摩尼教印度教，逐漸形成多宗教之山了。也是別的名山所少見的。墓碑、石棺、石刻，都陳列宗教館中，可以自由參觀。

彌陀岩頗有名氣，本有木質建築，但是年湮歲久，原有殘存的一些建築，也被毀於「十年浩劫」，現在只有新蓋的飲茶棚，方便遊人憑吊休息。望著一些傾圮的牆腳，在夕照斜陽和微風中，發出嘶嘶之聲，不禁在心中引起喟然的惋嘆與唏噓！

不知是不是菩薩眞的顯靈，彌陀岩什麼也沒有，但一尊阿彌陀佛立像，高達五米，卻仍傲然的歷經文革浩劫，矗立存那裡！都說是不幸中的大幸了！

下山一份海報上有位作者告訴遊客：「清源山的春天，山花燦爛、百鳥啁啾；夏天涼風習習，松濤陣陣；秋季天高氣爽、視野清朗；冬天漫山紅霞，層林疊染……」可謂點勒細致了。

廈門島像基隆港

廈門，是中國的重要港口，在福建的東南部九龍江口，港灣寬大水深，四週島群棋布，風景絕佳。它是鷹廈鐵路的終點站，復又有支線通往福州。廈門原來是一孤立的小島，一九五六年始築海堤，與大陸同安、長泰、龍海互相連接，成爲半島形態，金門島正好屏障在它前面，兩者中間隔了一道海溝，幾乎沒有距離可言，天朗氣清之時，兩岸軍民往來作息，清楚可辨。說話的聲音相聞。（雙方用播音機喊話）

廈門的名字很多，宋元兩代叫嘉大嶼，後來爲防禦海盜修建了一道城牆，始名廈門城；到了鄭成功駐軍時期，又被改叫成思明州。等到一六八〇年清軍把鄭成功趕跑了，又把它改爲廈門廳，福建的水師提督，從此就在這裡駐防練兵了，套一句現代話：就是海軍基地了。

廈門也可以說是中國的一塊「悲情土地」，海盜盤據過：葡萄牙人來過；英國、荷蘭和西班牙人，都曾在這裡嘯聚過；到中英鴉片戰爭後，廈門被迫成爲第一批「開放通商口岸」的港埠。鄰近的鼓浪嶼，就成了洋鬼子的居留地。

廈門港的外形，與基隆港非常相似，不過港灣內不像基隆港，船舶往來穿梭頻繁、擁擠，一些小汽艇和小火輪，在港灣進進出出，汽笛嘟都的鳴叫，看似匆忙，又以平靜，間有三三兩兩的海鷗，低飛盤旋，點綴出一種港灣特有的風情，你憑欄凝思，幢幢帆影，聲聲笛鳴，它會在你的腦海中，無端地升騰起，一股空虛與無奈……

廈門港的岸邊，也有如基隆港一樣，矗立著許多海港大樓，似乎都是百貨公司和賓館，由於趕車，我沒有進去，但在港灣碼頭上來往的行人，不像基隆港那樣匆忙，他們騎著單車或走路，狀態悠閒。港內街道狹窄，除了新蓋的大廈、賓館外，一些房屋仍保存古舊的形式，看厭了高樓大廈，鋼筋水泥的硬體結構，乍看一些泥塑木雕，磚砌瓦覆的小閣小樓，打從心底湧生出純淨的喜悅與愛慕之情。

廈門一帶都產花岡石，臺灣早期的建築，民宅廟宇，大都用花岡石墓腳，如頭城的武營、汐止古宅、三峽老街，都是從福建運來；而廈門、同安、泉州一帶的民房，幾乎全是用花岡石條起造的，這種房子從外表看，頗爲厚重美觀，許多馬路、廣場、圍牆地都是用花岡長石，舖設而成的，走在上面有一種穩實、堅硬的感覺，是名副其實的腳踏實地了。好是好，走得太久了，腳板心一定會痛的，我想。

我參觀了大鰲園，偌大一片廣場，及建築圍牆也都是用花岡石舖砌的，鰲園的主人是老華僑，鰲園內的牆內牆外壁，都雕上了各種故事、圖像、人物、花鳥都有；孫中山先生一生革命事蹟，也都用各種圖像故事，一方一方的雕刻在牆上，整棟牆壁都是，工藝頗爲精細，並在建築的後園廣場上，樹立了一塊高入雲霄的「解放紀念碑」，毛澤東親自用草書寫成，由於實在太高，而且字體大貼了金，你在數里之外，就看見了。據解釋員說：這位老華僑曾應允捐贈，興建自廈門到福州的鐵路，但老華僑要以他的自己的名字，作爲鐵路的正式名稱，結果被中共拒絕了，路未捐成，還搞得不太愉快，如是是眞的，我覺得中共的堅持倒是對的。做事原則必須把持。鰲園的旁邊，還有一個中學，蓋在一個山坡上，用寬闊的花岡石修築數十級石階，由於整齊，看去頗覺宏偉，教室亦頗雅緻，夠得上說聲，美倫美奐，華麗燦然！

廈門也是大陸同胞，當初開拓臺灣的發號施令的地方，到南洋各地也以這裡爲出入口起站和終點。所以廈門在華僑的心裡，有著極重要精神作用。

近年來由於劃定的四大經濟特區之一，更加繁榮起來了，其食品加工、水產加工、以及機械、化學、造船等工業，都在蓬勃增長，最近因臺灣塑膠大王的出走，而進入海倉開發區，而益加前錦無事限量了。

廣州的賓館和神廟

大陸的賓館，有一項特別服務，臺灣各賓館與飯店，似乎還沒有，我在廣州、上海、西安……等地，都曾經歷過，好像是一種普通的運作，那就是：清晨五六點鐘的時候，你床頭的電話，突然響起來了「喂天亮了，你如果有早起的習慣，你該準備起床了！」以及其他的客氣和祝福的話。

廣州車站的人潮擁擠和賓館前的舒適寧靜，恰成強烈對比。

東方賓館外，有一列長形餐廳，叫「東方副館」，這個副館可以對外營業，我每天去吃中餐和晚餐，要花三十到四十元，一對年青的本地夫妻，跟我同桌，我問他們：賓館的消費與大陸同胞的收入，似乎不甚相稱；他說：是的，我們覺得太貴了，但是政府當局的意思是：這地方是接待外賓的，你根本就不該來！

在廣州我曾去南海縣，參觀過一座孔廟，廟裡的勝跡很多，看樣子似乎疏於管理，裡面陳設很凌亂，這家孔廟卻有一個特點，裡面擺著許多神像，每一座神像都與眞人一樣大小，而且每一位都是站立，腰背微駝，俯身向下探望。站在旁的人說：廟內供奉的諸神，皆係天上的神祇，所以每個人都俯著身子，兩隻眼睛向下看，這樣才可以看清人間萬象，好向玉皇大帝奏報。聽說他們不信神，然而卻也津津樂道。

臺灣的廟裡裡外外，通常都是賣——香花紙錢和有關神佛的信物，但大陸上的廟宇，卻賣玩具、飾物還有郵票，而郵票的陳列非常齊全，四十年來所印的郵票——軍事的、政治的、經濟的、文化的、歷史的，花樣繁富，種類特多，其中頗多精采、珍貴的。剛在前幾個月發行的孔子誕辰紀念票；以小說作題材的，爲水滸傳、西遊記、鄭和下西洋等，書中故事人物，都作了郵票的圖案，而且印製活潑可愛，這些郵票都可以在寺廟中買到。飾物、書畫等，應有盡有。郵票上有人像，都是大人物；一位大陸同胞說：「因貼郵票要有水才能貼住，許多人爲表示心裡的不滿，就故意在人像上吐水水……」，聽了不覺大笑，爲了沖淡一些，我說……臺灣也有這種情形。

從東方賓館出門就是解放路，一直可以至珠江邊，這裡有小汽船到白鶴洞，來回一元五角，那天是夜晚除了燈火，我沒有看清兩岸的景色，非常可惜，白天搭渡輪去玩，一定非常愜意。來回非常方便，每隔十幾分鐘就有班渡輪。

一九九〇年十月三十、三十一日十一月一日臺灣時報

原標題：（大陸遊蹤）

廣州的烈士墓和中山大學

廣州市以解放路、人民路、東風路與中山路，爲廣州市中心的四條幹道，而東風路及中山和解放路與人民路相互交叉，人民公園就在這四條路的中心，附近還有越秀公園、流花公園，風景都頗秀麗。而廣州起義烈士紀念陵園，就在東風中路的尾端。黃花岡七十二烈士墓在先烈路，兩處相距很近。這裡要特別強調的是：烈士墓外形未變，但原來墓碑上端之青天白日徽，換成了自由女神像。

到了烈士墓，你不妨就在解放南路，轉個彎到躍進路、再前進路就到了中山大學，它原來叫廣東大學，創立於一九二四年，爲了紀念孫中山先生，又於一九二六年改爲中山大學。

中山大學原本就設備完善，具有良好的教學環境，但近年復與嶺南大學的一些重要相關科系合併，目前包括社會、人文、法政、財經、管理科學、自然科學和技術科學的多科性綜合大學。設有三院（研究生院、管理學院、孫文學院）共十九個學系，四十三個本科專業，學生人數近萬人。根據該校負責作簡報的葉育昌先生說：中山大學頗爲注重對外交流，派出去的教師和學，有數百多位，其所包括的國家，有美、加、英、法、俄、德……等國家。

中山大學的圖書館是最近才建造的，有中外圖書兩百多萬冊，訂有期刊雜誌一萬四千多種，而各系所還另有圖書館資料室。校園面積廣闊，花木扶疏，綠茵如氈，修得頗整齊，風景幽美，是個讀書、研究的好地方。

我第一次看到中共的五星旗，就是在廣州中山大學綠草如茵的操揚上，臺灣去的專家、學者（其中定有國民黨黨員）、教授、名流，也許是好奇，都在旗桿下照了相。最近輔仁大學有兩位學生，聽說有位去過大陸的同學，送了一面五星旗給他，這位美術系的學生，卻以藝術的眼光，把它掛起來作窗帘，聽說招來了麻煩。

九〇年十一月二、三日臺灣時報連載

原標題：大陸遊蹤

桂林山水甲天下

一、獨秀峰——桂來第一樂章

那架巔巔巍巍的小飛機，飛了一個多小時，才抵桂林，出得機門，才知道外面是斜風細雨的天氣，時當風雨又復深夜，大地格外黝黑，桂林多山，燈火在山邊水涯、樹影花叢中閃爍，益增迷離誘人。

停機坪至放置行李的大廳，有一段很長的水泥路，由於路燈稀疏，幾乎是摸索前行，更因爲近十點鐘了，機場的服務人員，已開始下班了，檢關人員少了，關內關外的人，都顯得手忙腳亂，哄嚷一團達一兩個小時。好不容易走出機場，一出門就看見子系兄等幾位老朋友，高舉著手在招呼，許久不見，分外親切，本來說定是住桂山酒店，但後來改爲花園酒店。第二天清早出門，才知道花園酒店的大門正對著「獨秀峰」，只隔一條馬路和一條水溝，眞是伸手就可以摸到一樣。機會不可失，子系兄爲我在峰前留下了一幀小影。

由於細雨紛飛，嵐氣瀰漫，「獨秀峰」雖然在眼前，仍籠罩在煙雨之中，那種「日星隱耀，山嶽潛形」的朦朧之美，在此時此刻，你才能親切的體會到。更由你不能不佩服范仲淹他老兄，寫作之細膩，觀察之入微了！

二、一枝桂林謠，花香處處聞

桂林，是因為秦始皇鑿通了湘水和灕水，才成為政治、軍事重鎮的，但是使桂來更遠近聞名的，還是那句：「桂林山水甲天下」而引起的。它有二十萬平方公里的石灰岩和洞穴，處處孤峰拔地而起，玉笋般排空而列，眞是蒼翠千重，萬壑重疊，人在其中，就有如走入宋、元、明、清的古畫之中。

根據導遊的先生說：桂林這個名字，是因為桂林遍地都是桂樹，其種類有金桂、銀桂、丹桂、四季桂等……因此人就叫他桂林了。更由於桂樹多，故桂花酒、桂花茶亦頗為有名。

這裡為何山洞，岩石特多，導遊的人，根據歷史的資料，告訴我們：三億年前此地乃是大海，地質變動，才形成這種聳如筆，直如箭，洞天地府的景觀。

三、山水奏鳴曲，風景無限好

桂林市以中山路為中心，路的兩旁皆為商業區，各種政府機關學校、酒樓飯店百貨公司大建築，也各抱地勢散落中山路的兩旁，與鐵道成遙隔的平行狀態。桂林市有許多高入雲霄的山峰，獨秀峰就是在市區的最中心，但是整體說：灕江大橋的上下左右，是桂林市最繁華、最熱鬧之所在。灕江兩岸遠山寧靜，近山氤氳，是桂林風景之最佳者，中國人恬淡閑適的胸次，就是從如此山水中形成的。位在這青山綠水，岩岸荒村，幾千年來，山民們滿足於深山的山餚野蔬，江中的紫菜魚蝦，日月照臨，朝暉夕陰，世世代代，子子孫孫，將有限的生命消磨在這裡——一把鋤、一張犁、一只筏、兩只鸕鴣，相依謀生——不知有漢，更不問魏晉，渾噩一生自得而滿足，令人羨煞！眞有「一壺酒，一竿綸，世上如儂有幾人」之慨!?

一九九〇年十一月八、九、十日臺灣時報連載

原標題：大陸遊蹤

灕江美景，如詩如畫

灕江流經桂林市中心，即由南轉向東南，可直抵蒼梧。灕江下游的風景也極其優美，沿江而遊，如置身水墨筆意之間。

灕江上的風景，自桂林出發，最好是在早晨，這時晨曦山嵐未退，朝陽映目，此時的山水，遠山朦朧，近山迷離，最具感人的氣氛。

稍後，天朗氣清，和風柔暢，這時群峰連天，田園清爽，阡陌往來，男女耕作，一派壯闊安祥的田園景觀，令人心曠神怡至極！江中漁船皆已收網，波平如鏡，水清見底，正是遊覽放舟的好時刻。

黃昏來臨之前，晚霞斜照之時，白雲紅映，格外生色，山被雲籠罩，霧裡有山，你這時才體會到，如夢似醒，如眞似幻，以及什麼是詩，什麼是畫了！

夜遊灕江當然就別有情味了，三五人提壺酒，幾樣小菜，一燈如豆，與江中的漁火、竹筏、人影、鵜鴣，互訴心曲，不就是一首無字的詩，一幅有形的畫嗎!?

遊灕江在春夏兩季最好，因爲春江水滿，可以直通到陽朔，如果，你在冬天去，正是灕江水淺之時，可能船只能開到楊堤。

楊堤的風光山水比桂林更好，而陽朔的風光又比楊堤更好。所以，人們就說：陽朔山水甲桂林，眞正的原因，固然，陽朔的山水雄偉、氤氳、氣勢比桂林要佳，但第二個因素，恐怕也是因爲，江中有時水淺，船只能到楊堤的緣故，因爲後面山光水色，沒有看完，沒有看到，總覺得可惜，基於「沒有見到的都是好的」，像捕魚的人，「跑掉的魚兒都是最大的」同一道理，所以形成陽朔的山水甲桂林了。總之，是灕江兩岸風光中的一絕，決對不會錯。何以見得？聽說：有一個人遊灕江，遊著看著，並不停的贊嘆著！自己也走進山水之中了，分不清山水和了！這時正好有一葉扁舟，迎面破浪來到他的面前，並大叫了一聲，他才想起來，自己還在人間……我剛說完，子系兄就說：這個人一定姓賀。由此可知，我對灕江的風光，也是迷上了。

桂林除了灕江以外，其他的河流取名用字，都頗爲雅致，如北面的甘棠河，南邊的相思江，西邊的桃花江，東側的潮田河，都很詩意和絢美。

桂林的山水，其山影率皆倒映水田和江河之中，這是別處所少有的，所以清朝詩人袁枚就說：

江到興安水最清，青山簇簇水中生；
分明看見青山頂，船在青山頂上行。

最後我要提的是蘆笛岩，岩洞雖然開放，但規定要分批進入，人數不得少於三十人，洞中之景物，千奇百怪，洞中裝設各種燈光，天空雲彩，山嶽河流，水池農田，茂密的森林和宮室城堡，置身其中，眞好像自己是神仙了。我眞不敢相信自然的造化，竟是這般神奇，我看得實在有點神昏心迷了，幾次拉住子系兄的手說：「我的確有點不想出去了！」像這樣的神仙世界，洞天福地到那裡去找啊！因此，我要提醒喜歡旅行的人，你到了桂林，任何地方可以不去，惟獨蘆笛岩，你可不能忘記，或放棄。

九〇年十一月十一、十三、十四日臺灣時報連載

原標題：大陸遊蹤

風雨千年路，江山萬里心

——「南昌故郡，洪都新府」再訪滕王閣記

一九九二年七月十七日，凌晨七點十五分，我又踩著藍天白雲，第四次來到了，我的故鄉江西南昌。

這一片風光勝地，被王勃在「滕王閣」一序中，所說的：「南昌故郡，洪都新府」，在二千多年前的「新」，到如今的確一切已顯得格外的「古舊」了。

名爲「西江第一樓」的滕王閣，歷經重建又倒塌；倒塌又重建，現在雖然大致已恢復了舊觀，周邊道路，正在日夜趕工，由於施工單位，沒有設置臨時行走通道，一些登樓遊覽的人，都是在污水泥濘的工地上迂迴、跳躍、跨越而行，由於泥濘滿地，把閣上地面，也弄得到處都是泥漿，風和日麗的時刻，也是滿閣滿樓，塵土飛揚，眞是糟塌了古蹟名勝。開車的司機說，滕王閣是土洋雜種？問他何意，他說：「裡面有電梯有空調……」意思是說：二千多年前，那裡有這些玩意!?這當然只是販夫走卒之言，不足爲訓的，因爲人總是要跟著時代進步的！

我登上閣台石階，南昌的全市市容就一覽無遺了，可見閣是挺高的，一共九層，每一層的中間廳，沒有採光口，沒有通風口，電梯是關著不使用，樓梯通道也沒有採光通風口，只有不到四十支光的電燈，放出幽幽的光，無力地照射著上上下下的人，也許是修路的關係吧！參觀的人並不多。閣裡除了幾幅木刻的對聯，在象徵「古趣」外，其餘一些簡單的擺設，也都是因陋就簡，了無創意，尤其各樓的中間廳，所掛的畫幅，盡都是一些近人的作品，而且又都是一些未成名的人畫的、寫的，看了益增內心無奈，這些稚嫩的畫幅，掛在「西江第一樓」上，實在名實不副之極。

最頂上的第六樓有「仿古藝術表演」，每日上午十一時開始，演奏的項目每日變更，古裝、古曲、古調、古樂器，擔任表演的人，都是專業藝人，一位馬姓演員說：大部份演員、歌者，都是大專程度，他們天天演唱賣力的，雖觀衆不多雖覺得枯燥，但也不能懈怠，因爲這是他們的職業。

七月十九日，從南昌包車到蓮花，路程三百多里，計人民幣八百元；原說好是六百元，但司機說：路況太差要八百元，已平安送你到「家」了，也就不去計較了。據司機說，我們走的是一〇五國道，是從北京中南海起，至廣東省的珠海，簡稱京珠路，因配合珠海經濟特區的發展，而拓寬，而加舖水泥，路基很厚，很平實，如舖修完成，將來車行就安全、平快多了。但司機說：要完全完工驗收，少說也要五年；他並爲我預祝，你五年後再回來，就不會那麼辛苦了。他說：辛苦！是實在的，所有的大小車輛，都沒有冷氣，南昌又是中國四大火爐之一（其餘爲南京、重慶、武漢）太陽大，一路上又塵土飛揚，整部車就像「蒸籠」；燠熱的程度，難以筆墨形容，十個小時下來，滿車塵土，滿身塵土，走下車，我才眞眞實實地，對「灰頭土臉」這個詞，找到了正確詮釋。

這些年來，由於常去大陸，人陸上到處有亂收旅客費用的現象，南昌給我的印象尤深，在南昌機場出口處，一位檢查行李的關員，問行李包中何物？我說：衣物；打開未看就說：「美金拾元」。然後說：「拿走！」第二次，住青草湖賓館，其實我交了伍佰多元外匯券，給了我一張看不懂的收據，只寫九二、七、一八、人民幣伍拾肆元的收據，吃得太厲害，難怪政府無錢！一位姓陳的女職員，尤其心狠。要得厲害。出租汽車更是漫天叫價，來去一次滕王閣，要八十元。

民航售票處，星期六去買下週星期五到西安的票，說是「客滿」；無票了，星期三在飯店中，卻買到了星期五的票了，原來告訴我說：三百四十多元，要我交外匯券，我沒有外匯券，預繳人民幣六百元，星期三拿票時要我四百四十五元外匯券，外加卅元手續費，都以外匯券計算。大陸當局口口聲聲喊：統一，卻在錢上搞分裂，眞是貪小便宜吃大虧的傻事！爲什麼不規定：一進國門，一律使用人民幣!?

江西省全省都是二熟稻田，第一季稻穀正在收割第二期稻秧也正在插種，所以他們說是「二搶」；「割稻、插秧」兩種工作同時進行，今年的一期稻穀大豐收，每一位農友都是笑嘻嘻的。

南豐縣的橘子，是全國聞名的，但因去年的百年大雪，零下九度，因爲事先未做好防凍設備，所有的百分之九十以上的橘子樹都被凍死了，你從馬路經過，兩邊的橘田中都是光禿禿的枯樹，蔚成另一種「悲情景觀」，看了非常難過。

江西省的山地，大部份都是紅色，尤其一些山崗丘陵地，紅得特別鮮艷可愛；但是，奇特的是，山腳下的稻田，每一片地都是黑色或竭色的。現在正是「收割、插秧」交替之際，大地一片金黃、翠綠相互輝映，格外顯得錦秀和美麗。

一九九二年八月二日世界論壇報

原標題：大陸通訊

從空中鳥瞰華中河山

——原野、田隴、山巒、森林、溪河、屋宇
照相師、繪畫師、文學家、詩人……
無法用筆墨描摹和形容出它的錦繡……

七月廿二日，在塵土飛揚，風沙載途的京珠大道上，奔馳顛跛了十個小時，一路上遠處都是金黃色待割的早稻和青葱翠綠，剛蒔下去的秧苗；近處都是新蓋的店舖，幾乎百分之九十以上，都是飯館、機汽車修理店；有一個特色，每一家飯館店名都不叫飯店，而是——千篇一書，都是「××酒家」，幾乎無一家例外。我兩年前，路經南昌，路上車輛稀少，這次去往來的車輛奇多，是農村和城市的經濟，活躍起來的象徵。

南昌到西安，坐飛機只要一個多小時，但因爲飛機小，中途必須在武漢停留約四十分鐘，加起來也要三個小時才行。由於飛機搭乘的人特別多，票價雖然貴，仍是一票難求，擠得像沙丁魚一樣，環顧機內乘客，大都是農工商人打扮，問起他們爲何捨火車而搭飛機，說是飛機較爲快捷，火車買票更加困難，身懷「巨款」，安全也有問題。他們說：車上公開行搶的事愈來愈多了！飛機起飛不久，兩邊行李架上濃濃的白霧突然陣陣噴出，一位空中小姐，急急忙忙從機尾跑到前倉，大喊：「不要驚慌！飛機要放冷氣了」！她帶著笑容：「請幫忙，把各位的行李包稍加移動，不要把冷氣孔堵住了……沒事！沒有事！」在安定乘客。隨即分發一種紙包的飲料，和一包叫香酥的花生，辣辣的味道尙爲不錯。這樣心情就更鎮定了。

中國的土地，在地圖上去看地形、地物、地貌、山川河流、農村城鎮，都只是一種概括的意識——美麗；但當你坐上飛機向下俯瞰，你才會深深體會到，那一大片一大片的——原野、田隴、山巒、森林……的錦繡，是照相師無法攝製的；是繪畫師無法描摹的；是文學家、詩人無法用筆墨，形容得了的那關中原野，平疇萬里；那黃土高原一列列、一波波，從平地掛上了藍天，白雲在田原上，載升載浮，你不知道，自身究竟在人間、在天上，是神？是仙!?

進入西安的領空，是一個萬里無雲的長空，飛機降落在跑道，更是夏日炎炎火熱千里，曬得你頭昏，腹地廣大、遼闊使你有一種，前不搭村後不著店的感覺。

拖著行李走出關口，突有一種陌生的感覺，因爲到西安來，這是第二次了，經過打聽才知道，這裡不是西安機場，而是咸陽機場，是新修築起來的，難怪陌生了。大概蓋起來不久吧！連咸陽機場的名牌還未掛呢!?

在大陸住過的人，都知道打電話是十有九次都不通的，我在咸陽機場，因爲按我的朋友，把航班弄錯了，害得我苦等了一個多小時，他們比我等得更久，到下午四點鐘才離開，人情如斯，也實令人可感了。

當日我自己找了一家，名叫新世界的賓館，住了下來，館裡的人說：「西安最有名的小吃，是同慶樓的——牛羊肉泡」，因爲飢腸轆轆，在四十度的炎日下去找尋，結果發現就是臺北中華路上平常吃的「泡餅」而已。

他們每一個人，自己拿了大碗，把又大又硬的餅，一小片一小片放進一口碗中，等待服務員拿去，把牛肉和羊肉湯，以及佐料放進去，就是「牛羊肉泡」了。吃完之後，硬要我寫點評語；盛情難卻；寫了八個字：「頗有古風，稍嫌單調」。我知道詞不達意，也只好如此。——這是北方口味，南方人卻不欣賞的！

幾次去大陸住賓館，都是像臺灣一樣，瀟灑自在、無拘無束，但這次住的「新世界賓館」在感覺上，似乎有些不大自然，旁邊一位朋友也說：「陰陽怪氣」似的，我也覺得如此，第一夜晚上，深更半夜有個女人，打電話來說：她在大門口等了我老半天，說我不夠意思。問她是誰，說是剛才和我在「咖啡館」約好了；又說：「你不是昆明來的？」告訴她不是，就把電話放下。第二晚有個旅館人員問我「你是華僑嗎？」……令人詫異，於是就退房不住了。

一位經常在大陸經商的朋友說：「這種電話少接爲妙」，他說：「很多人因不小心被送去罰養雞三個月後，才回臺灣的」！一些小有名氣的人，吃了虧回到臺灣還不敢說呢!?

據說：臺灣一家最有名的航空公司，一位總經理就被「重罰美金一萬五千元」，才放回來。另外一家臺灣第一流大報的一位廣告編輯，聽說：也被罰一千五百美金。寄語一些喜歡「拈花惹草」的火爆浪子，該小心了！

大陸同胞對臺灣不滿

這次到大陸來，是計劃：「旅遊、採訪、寫作」三個項目，其實三個項目，歸納起來只有一個「寫作」而已。想訪問一些鄉村，因此我的穿著儘量簡單、隨俗，但是，走在人群中，總有些好奇的大陸同胞，跑過來問我，是不是從臺灣來的？我是從不掩飾規避，說不是。整個地說：大陸同胞，對臺灣同胞，都非常親切，但是，我曾一再被人問起：臺灣政府，把大陸想去臺灣做工賺錢的同胞，都叫做：「偷渡客」；有人還把他們當作外國人看待？他們很不以爲然，甚至，有人當著我的面，表示抗議，和憤怒！

他們的理由是：臺灣可以准許泰國人、菲律賓人、越南人或馬來西亞人……在臺灣打工賺錢，不准自己的同胞去臺灣……太多的人對臺灣政府的作法和心態，不能理解。他們指責，既要引進勞工要外國人，不要自己同胞這種作法……竟有人當街大罵。

在蓮花、在南昌、在西安，都有曾經在廣東的東莞、鶴山、深圳，以及福建的泉州、廈門等地，做過一個月三個月或半年一年的零工，這些工人又泰半是，因覺得做工過於勞累、緊張、繁忙，不能適應而放棄工作，返回家鄉務農的，據他們指出：一些台商在東莞、鶴山等，開辦電子廠、玻璃廠、燈飾廠、鞋廠……老闆所付出的工資，太過於低廉，幾近無情的剝削，他們非常氣憤。

有位李姓小姐，在鶴山一個燈飾公司做過三個月的工，她說：她分文未領。她眼睛紅紅的，語氣非常憤怒，指責：「臺灣老闆，太心狠手辣了」！她告訴記者：一個新進的工人，小廠規定，試用期爲三個月，每月工資人民幣一百元，包括洗衣、吃飯、住宿……一個月下來，等於白做了，一文錢也不剩，三個月之後，才能拿一百五十元人民幣，如果你沒有耐力，熬不過三個月，只好走路，半分錢也拿不到……，如果這是事實，臺灣的商人們，實在該反省和檢討了。

記者在西安機場，正巧碰上一位張經理，他有兩家電子工廠，一家在東莞，一家在廈門，這次是從哈爾濱回來，準備到武漢去，我把上面的情形，說給他們聽，他懇切地告訴我，確實有這種情形，而且，他自己也爲少數的不肖廠商，那種「心狠手辣」的手法，也表示嚴重的隱憂。他說：政府應該注意這種不合理現象的存在。他說：「如不不加導正」，遲早會爆發出問題來。

不過，這位張經理也指出：「採取低工資政策，不完全是廠商的本意，」中共當局不希望工資太高，不能與內地的薪資待遇平衡，衍生經濟特區與內地工人兩者作比較，會產生不平衡的心理，也是原因之一，有少許不肖的臺灣廠商，採取不合理的低工資做法，就這樣周瑜打黃蓋般地產生了。張經理說：不管如何，這是不合理的，須要改進。

儘管，經濟特區內工人工資很低，在飛機上仍然有人探問記者，能不能寫張名片，幫他介紹到——特區去，做一年二年的工，賺點錢蓋一間漂亮的房子，他們告訴記者，在大陸蓋一棟房子，有兩萬元就足夠了。這是中國人傳統的觀念——人之一生，娶妻生子，溫飽有著，蓋間房子，也就與願已足了。

在京珠公路上，另一個以前沒有的現象是（最近才有的），無論大小車輛，在擋風玻璃的後面，都懸掛了一張「毛主席」的中山裝和戎裝相片，都是彩色的，長方形大小分寸相同，想是統一印製的，問司機是代表何種意義，答覆是：求個平安；避邪！也有司機說是好玩，看到別人掛，自己去買一張來掛，至於是象徵改革派或是保守派，他們也弄不清楚，只有一個年青的司機說：如果有政治意味，掛「毛主席」應該是代表「保守派」才是。那你自己呢!?他說是：無派、無系的中國人。車內掛毛像，在江西境內很流行了，到了西安就少了，到北京更是一張也沒有見到。

在大陸走過了許多地方，有一個可喜的現象是：每一個人無論農人工人和知識分子，他們對國家、民族的觀念和意識，表現得非常強烈，這一點我覺得非常重要。

一九九二年八月五日世界論壇報

原標題：（大陸通訊）

萬家燈火訪北京

「北京」這兩個字，在中國數千載來（遼、金、元、明、清）均建都於此，是精神威權的象徵；在世界更是歷史文明的古城。小時候聽大人們口中傳述，長大後在課本中，隱約呈見，形象總是清晰亦模糊；一九八九年「六四天安門事件」後，總算把這個神秘的古城，那一層厚厚的面紗揭開了，每天從早到晚，在電視上，把北京街頭，每一棵樹，每一座建築，每一個行人，都清晰地生動的，投映在世界每一個人的眼前，不問「六四」爲中國人帶來的是什麼，它爲「北京」作了一次廣大透明的宣傳，是可以肯定的。

廿九日，我從咸陽起飛，到北京的首都機場，是下午六點，花了三個多小時。

這裡的時間和臺灣的時間，有明顯的差異。那天走出機場是六點多，坐著車在北京街上，轉來轉去，到了八九點，彷彿天尚未黑。將近十點，孫杰兄才從夢中似的，說是去找一間與西北大學有連繫的學校，暫住一宿再說，我想既有這「錦囊妙計」，爲何不早說，於是更想起了每文兄，如果他在，今天這「奔波」之苦，就不會這麼慘了。

學校賓館沒有飯吃，有也下班了，只好又摸索了六、七十里，才找到一家個體戶小吃館；北京為中國首善之區，為了「吃和住」；就這樣困難嗎？我想，不是司機整人，就是孫杰兄對北京，不太熟悉了。

坐著車子在街上轉，東直門好像轉了兩三回，街道馬路上行道樹的茂盛與整齊、青翠、挺直，眞是美極了。綠地上也種了許多新的樹苗，一路上豎了很多標語，都是強調「綠化」的重要。

大概是街道多，司機怕我們記不住，只聽他不斷的說，這是東區什麼？這是西區最大的，這是南區什麼的……最後左彎右拐的，進入了長安東街和西街，而「天安門廣場」，就在這長安東西街的中間。

我們到達時，已經很晚了，天很昏暗，但遊憩的人仍很多，他們悠閒地在散步、說笑，但都輕聲細雨，沒有人高聲喧嘩，這是北京人的好習慣。

天安門廣場之外，還有故宮博物院、勞動人民文化館、中山公園、人民紀念碑、人民大會堂和「毛主席」紀念堂、北京人民政府等，都在一塊，所以形成了這樣的熱鬧圈。遊憩的人們，大都扶老攜幼；年青人似乎不多，不像臺灣一些廣場，都是學生嘯聚起哄的畫面，最好的還是廣場中及周邊，都看不見販賣小零食的攤販和玩雜耍的藝人的吆喝，因此，顯得頗為清靜、幽閑。天空中有幾隻紙鷂，由人牽著一根長線，在晚風中翱翔上下，點綴「天安門廣場」的寧靜和安祥。

廣場中和周邊，以及樹蔭下，都沒有休息的坐椅或涼亭一類的擺設，散步的人累了，就席地而坐，三五兩人一起，侃侃而談，狀極幽閑自在，不像台北人，縱情說笑或快節奏式的歌唱，甚至相抱舞擁……。

廣場都是水泥和紅磚鋪砌而成，北京的白天，日曬炙人，可能是散熱比較快，但一到了傍晚，場子內就很涼快了。難怪有這麼多人，席地聊天，也不以爲苦。

抵北京後第二天，夜晚下了一陣雨，天氣更加涼快，大概是受了那一句標語的鼓勵「不登長城非好漢」，所以起了一個早，就在清華園，搭上去「長城八達嶺」的專車，票價四塊人民幣來回花了六小時，這段鐵路是京包線，八達嶺長城，是在昌平縣和延慶縣的中間。

自北京北郊清華園上火車，往昌平縣南口、居庸關而八達嶺。居庸關至八達嶺這一段長城，已經翻修，天天人山人海，在這裡登城瞭望，腳力強的，一步步登上長城，腳力差的可以坐纜車，送你上去，不管你從那一路上去，只要上了長城，就是一條好漢，你只要花五元，服務小姐就給一張登了長城的好漢證書給您。爲了做這個「好漢」，我也花十元，買了兩件寬袍大袖的「好漢襯衫」。長城上販賣各種紀念品很多，生意也不壞，還有一張龍椅和皇冠龍袍，讓你過個「皇帝癮」，留個紀念。想當初秦始皇修萬里長城，被人唾罵，如今卻沾他老人家的恩惠，賺大錢了，眞是：世事茫茫，誰能逆料!?不過，距離八達嶺兩三千公尺不到的長城，已經倒塌得不成「城」了，據巡城的人說：很多古老原始長城的方磚，已被附近的農民，偷偷地搬回去蓋豬圈了，聽後嗟嘆不已。

從八達嶺下來，離下午時開車的時間尚早，吃了午餐又去參觀詹天佑紀念館，然後搭車返北京。

一九九一年八月十二日世界論壇報

原標題：（大陸通訊）

兩岸三航空與兩海關的待客之道

記者是七月廿九日上午七點，從北京首都機場，搭乘中國民航取道香港，轉返台北的。因爲，自香港回台北的機票，沒有OK座位。所以在北京買好到香港機票時，就請北京中國民航的服務小姐，代我設法；她們的確很熱心，爲我代查了華航七個航班，並一一爲我敲上「候補」，並將各次的機號航班時間，也列表交給了我。至搭機的前一天晚上，我又去中國民航，想確定一下，究竟有沒有補上台北的座位；這次換了一位留八字鬍的男士，他更熱心地爲我查到了九個航班；他並鼓勵我：華航班機很多，到了香港不怕候補不到坐位。他也說：華航喜歡自我膨脹，扮老大，平常都不願和他連繫，劃定機位。

我於十一點多抵達香港，等到下午一點卅分，終於候補上國泰T28號（華航、國泰聯合辦公）兩點多的飛機抵台北。由於座位是「候補」上去的，所以行李未能隨行（該公司說）飛機抵台北後承告知一小時後（下午班次）可以領取行李，於是，就在行李組「等」——六點、七點、八點……都過去了，才又被告知，行李恐怕來不及了，囑我先行出關回家。

但是，七月卅一日，行李在香港找到了，承國泰托人送回到家，但是，當我看到行李，已經被弄得面目全非了，小鎖不見了，拉鏈斷了，扣環沒有了，我原來圓鼓鼓的行李袋，現在有如裂了一張大嘴洩了氣的皮球。裡面的衣物、藥品、書稿、用具短少了不要緊，那種遭受「天災人禍」一樣的慘象，看了就令人心酸、心痛，更令人憤怒！旅客的權利，為人的起碼尊嚴，頓時更不知道貶到那裡去了！

不錯，海關是有權檢查的，我們旅客也有義務接受海關正常的檢查，但是，檢查的方法和行為、動作與心態，是這樣肆無忌憚，是如此胡作非為嗎？海關人員要怎樣做，就怎樣做嗎？如果一個善良的同胞，他既未犯法，也不走私和販毒，也要如此的受凌辱、受欺壓，和受無情的摧殘和傷害嗎？行李所有人不在，就自行打開！把東西亂翻，把行李包撕破，把拉鏈、鎖都丟掉……對嗎？

是的，別以為你做了海關檢驗，你們就高人一等，要知道受檢查的人，也是有人格尊嚴的，而且更是自己的同胞，你們知道愛護這個社會的安寧，他們就不會嗎？不要以為每一個人都是「壞分子」，都是該殺的，就由你們說了就算，做了就算，別人天生就是聽你們的！這樣的做法太不公平了，這樣的想去，也太危險了！

海關是執行公務，總該有法律，有道德和良心吧！你們這樣「橫暴、邪惡」的作法和行為，我們憤怒！我們抗議！你們不知委屈了多少人⁉冤枉了多少人⁉因此，我現在要反過來說一聲：你們之中的一些「壞分子」，不知爲政府，爲這個社會，製造出了多少民怨!?多少憤怒!?多少恨啊!?我可以肯定的說：「即使李登輝總統、郝柏村院長，如何愛民如子」；如何「勤政廉能」，有了你們這些「觀念不清，責任不明」的人，他們再如何努力，也抵不過，你們這種「無法、無理的破壞的！」

是的，我還要強調，先總統蔣公，他個人的做人處事，並不是不好，國民黨也有良好的「制度」爲什麼被中共趕出了大陸，把自己打出來的江山拱手讓人，一言以蔽之，就是沒有把司法的官員、警察人員、情治人員、海關人員……管理好、控制好，他們違法亂紀，壞事做絕，弄得民怨沸騰，怨聲載道，終把大陸失掉了。

蔣公總統，總算幸運，上天還留給他一個臺灣，得能善終；是的，我不是危言聳聽，臺灣的當權者，如果還不勵精圖治，好好地約束上列情治人員，樹立正確觀念（——國家是大家的，每一個人都愛自己的國家，不是你們情治人員，才知道愛國家民族！）少製造民怨、民恨，前途是可喜的！否則，就難說了！

最後，我要附帶的再強調一次，我們老是說：「中共如何不守法、不講理、不民主、不自由」；但是，我這次寫作旅行，所經過的地方，從香港到南昌，該是從「國外」到內陸吧！人家並沒有如臨大敵一樣，翻我的兩大包行李，衹說：能不能請我打開看一看，我說：「好，可以。」我說：「裡面是一些衣物、書籍……」拉鏈只拉一半，他就說：可以啦，拿起！這是第一次入關，從南昌到西安，連看都沒有看，幫我貼上封條，就送上飛機了。——這裡我我還要說明一點，我買了行李票，但行李來不及托運，一個江西萍鄉籍的地籍人員（關員），還特意幫我搬上飛機，放在尾部並指著我看，記得下飛機別忘了，因爲，你忘記托管，下飛機時，他們不會管你的，要自己拿了！你看多感人，我願在此謝他。

從西安到北京，因爲北京是中共的首都，我想大概要嚴查的，意外地連看也不看，就給我了！一路上關員從未打開過，沒有想到，回到臺灣了，自己住了四十年的「家」，卻被把行李翻得支離破碎，凌亂不堪，把原來包裝好了的硬紙盒、膠紙袋、藥盒子，不知丟到那裡去了！總統先生和院長先生，請你們兩位，找個機會「到海關看看吧」，了解我們小百姓的苦難，也花點時間了解一下，你們所指揮的檢閱人員則不勝感恩戴天了。

事實，人家已經急起直追，銳意改進啦！而且馬上要超越臺灣了，眞如此，我們掌握的「和平統一」籌碼，就不多了，別相信「臺灣經驗」啦，靠不住的！說開了一文不值。

人家大陸同胞已經反問：「臺灣經驗」是什麼？除了——吃喝玩樂，嫖賭逍遙之外，做任何事，都企圖用金錢引誘別人，把人家的社會風氣破壞得一點也不剩了。

一九九二年八月十三日世界論壇報

原標題：（大陸通訊）

大陸同胞為希望而努力

……「脫貧致富」……千萬不要操之過急，尤其方向不要弄錯，對象不要找錯……合作對象全世界的人都可找，就是日本人例外。因為日本人心裡，永遠潛隱著、侵略的野心……

這是我第四次，來到大陸探親採訪，我在臺灣住了四十年，在這長久的歲月中，我的確無時無刻，不在思念和懷戀我的祖國、我的同胞、我的一切親朋戚友。

我從一九八七年十二月二日到九二年七月廿九日，在這短短的六七年中來大陸四次，我深切了解，大陸上每一個人，對明天都充滿了滿望，而且，每一個人，都在為了富裕國家、富裕自己，竭盡心思在努力；我也同時發現，無論政府及個人，都全力在找尋合作的對象和機會，這種熱情是可感的。因為，它單純的目的，就在如何快速地達到「脫貧致富」。我們要把「脫貧致富」，當成一種目標，我們要念茲在茲，努力使其實現，但是，千萬不要操之過急，尤其，方向不要弄錯，對象不要找錯！

我在這裡要特別強調：中國人要有自己的思維的方式，要有他中庸適可的看法，要有他自己的，合乎中國式的哲理的做法，外國人的一些言行思維方法，並不一定完全適合於我們中國，因此這一點。只能各人自己去調適了。中國發展的方向，一定要合於中國式的。

我覺得尋求合作的對象，全世界的人都可以找，就是日本人例外。因爲，日本人心裡，永遠潛隱著、侵略的野心，以前靠武力，現在靠經濟。經濟侵略，比武力侵略，更厲害百倍千倍萬倍，希望國人不可等閒視之。今天，你讓他把經濟力量，如水銀瀉地般，滲入中國之後，他會使用各種方法，把中國的經濟命脈予以掌握，等發展到了預定的理想階段，控制自如時，它才不會像過去一樣，還找什麼「宛平事件」作藉口，它可以不費一槍一彈，把中國吃掉。

因此，要開發國家，要使全民「脫貧致富」，找日本人當伙伴，等於是請一批強盜、魔鬼到自己的家中，眞是一條不歸路，會使中國陷入萬劫不復之境。

別相信日本人的甜言蜜語——敦睦親善、東亞共榮；別相信日本人的欺騙招數——經濟合作、技術轉移……假如你眞的相信，到後來一定會全部落空；他們的出發點，都是爲了日本的經濟利益，而且是掌握目前的利益，控制明天的利益；保證永久的獨佔利益；他慣用「經濟合作、技術轉移」爲引誘、爲釣餌，一上鈎它就用「合作、技術」，反過來「卡死」你。他以金錢來與你「合資」，到關鍵時刻他撤出；他出售機器與你合作，再用機器控制你；機器的零件，掌握在他手上，跟他們開工廠、採用機器，都是日本的，重要技術永遠不傳授、工廠永遠是他們的。

有朝一天，北京街頭巷尾，各種工廠林立，各種產品也普及到了每一個家庭，工業是進步了，經濟是繁榮了，但是電子的、錄音機的磁頭，冷汽機、電冰箱的壓縮機、汽車的引擎，甚至腳踏車的齒輪……，這一切的關鍵零件，都卡在他們手上，你處處都擺脫不了他，像臺灣一樣。最近我的一位同業，從哈爾濱採訪歸來，他說大連、哈爾濱的外資企業幾乎都是日本人的，日本人有他自己的企業群體，看樣子把控制臺灣的方法，又要照樣的搬進大陸了；商社、銀行、航空公司、輪船公司相繼成立，到那時請神容易送神難的滋味，就不好受了。

「臺灣是中國的——」我們喊了四十多年，說實在的，日本人和美國人的影子，無所不在；與其說是中國人，在控馭臺灣，倒不如說是日本人和美國人，在管理臺灣來得恰當一些。站在一個中國人的立場，這樣的現象，實在是令人痛心的，因此，我進一步指出：如果要「富裕」，因而降低了人的尊嚴；那麼我寧肯「貧窮」，如果爲了假像的「進步」，而降低了國格，我寧願被人說成「落後」，爲了「脫貧致富」，千萬不要忽視日本人，對我們「經濟侵略」的野心，臺灣被他們剝奪得連一點生存空間都沒有了，被逼得走投無路了，這是活生生的教訓，能不接受！

現在，我要以一個純中國人的立場說一句：如果兩岸的中國人，的確有這份「能耐」，罩得住，就應該相互退讓，同心協力，以中華民族全體的力量，來統一臺灣和大陸，向中華民族的歷史負責，向全中國人負責，這樣做如果還不能達成——和平統一的目的，那麼就請用武力、戰鬥，也許可以快速地解決問題。如果再事因循、蹉跎若干年，那時要動他一根汗毛，恐怕眞的會感到困難了。因爲，我的確有這樣的感覺，我們的周圍，就有這麼多的外國人，明裡暗裡，在干擾中國的統一大業，換句話說，他們就巴不得我們中國人，永遠打下去，即使不打，也要永遠鬧下去，他們才能獲得更多的利益！

中國人呀！我們眞的，就這樣愚蠢嗎？

一九九二年七月廿八日深夜寫於北京航大賓館

同年八月十八日世界論壇報發

原標題：（大陸通訊）

大陸同胞對一個中國和平統一的看法

在上海、重慶、廣州、西安、北京等地採訪旅遊，常常和當地一些人士閒聊，而他們也覺得我這個「臺灣郎」頗爲隨和，有時也就把他們積壓在心底的話，舒暢地搬出來了。

在一次成都之旅的途中，一位已退休的錢姓高幹，年齡在七十歲左右，他攜了仍在一間婦產科醫院當醫師的太太，準備到北京去，他告訴記者，他雖然退休了，每年總還要出去走走，一方面散散心，一方面看看一些老朋友……。

他談到「和平統一」的問題，論點倒是挺爲新鮮：

他先問筆者：「你們臺灣對『和平統一』，是些什麼樣的看法？」但是，也不等我的回答，就接著說：

你們別以爲，大陸的當權派，或者說在野派，是很急於要「統一的」，他們覺得這種事，能悠著幹最好；理由很簡單，「統一」就像下棋，慢慢來才有味道，旁觀的人要仔細，才能看出門道來。他轉過頭來問我：「你下過棋吧？你想：如果三步兩步棋一走，就把你對方將死了，這盤棋下來，還有什麼意思？」從這裡你可以推想到；也可以了解大陸上的保守派、改革派也好，（他強調這是你們臺灣分的），都不想急於「統一」；現在國內，能引起人民注意的大事不多，如大陸、臺灣一年半載就「統一」了，那麼兩派人馬，就沒有「話」可說，也沒有「事」可幹了。錢先生說完，筆者只對他默然而笑，因爲我知道錢先生的用意，他對「和平統一臺灣」是不贊成拖延太久的，他有點不耐煩了。

返過來看你們臺灣，不是也把「統、獨」之事當作戲在唱嗎？說開了這是政治人物的「藝術」而已，國民黨把「統、獨」這台戲，一面拿來對付本地人民，另一面更拿來應付大陸；你中共壓得我緊一點，我把「台獨」放鬆一點，讓他們叫嚷得厲害一些，你對我善意回應多一點，我也把「台獨」人士管得緊一點、嚴一點，讓他們安靜一些：「統、獨」之爭，表、裡運用得宜，雙方都有好處。

至於「一個中國」問題，錢先生那位在婦產科任醫生的太太，說得更特別，他說：中共講了很久，也講得很認眞：「一個中國」和「一國兩制」。而你們臺灣卻反對，這一點，我們覺得令人費解。她說：從蔣介石時代起，國民黨就反對共產制度和共產主義，爲了這個問題，雙方談判，打仗五六十年，如今，共產黨自己提出來了——「一國兩制」；意思是中國統一後，臺灣仍實行資本主義、民主制度，而你們卻要反對！難道：不要「一國兩制」，要「一國一制」？「一國一制」就是和現在的大陸一樣，實行共產主義，推行「共產制度」了。果眞如此，不是冤枉爭吵了幾十年？

這位婦產科醫師又指出：「一個中國」本來是任何一個中國人都贊成的，兩岸人民也是一致的意願。但是，臺灣的國統會，最近開會決議：對這「一個中國」問題的原則說是要：「審愼研究」；「繼續研究」。難道：不要「一個中國」？而要「兩個中國」？「三個中國」？

說完笑了笑，她把臉朝向她的先生：「一句話，都是你們玩政治的人耍的花樣；如果像我們醫生，對什麼病，就開什麼藥，不就簡單多了！」

另外，我在南昌和西安的幾個大學內，參觀訪問了一遍，一些學者教授們的看法，又不同了，其中有一個教授，直截了當的說：「一個中國」問題，是美國帝國主義者搞出來的怪名詞，我們中國人也跟著起鬨，實在是無聊，更是中華民族共同的悲劇和恥辱，中國就是中國，無論是疆域、歷史、文化、風俗、語言、生活……都是整體的、連貫的，沒有什麼一個和兩個之分。他指出：美國在一九五〇年，中國共產黨掌握中國政權初期，從不把中共放在眼裡，甚至天天盼望它垮掉，甚至有人說中國只是一個地理名詞，不是國家。後來，中國壯大起來了，他才乖乖的說：「中國只有一個」！美國又一反常態，堅決地說起「一個中國」來了，他想利用中國，去制衡蘇俄！對於「臺灣」，雖然他表明了——是「中國的一部分」，但私底下，卻對臺灣訂了個什麼「臺灣關係法」，並公開的賣給臺灣防禦性的武器，說開了就是對付中共，對於這些歪理，臺灣的國統會，還說什麼：「一個中國」的原則，還須要「審愼研究」，也就不覺得怪了。

因此，我們兩岸的政治人物，都被別人玩弄於股掌之上，固然難過；尤其一些被人利用了還沾沾自喜的人士，更是悲哀！寄語幻想台獨、獨台的人士清醒點吧！國家統一、領土完整，才是兩岸人民追求的眞正目標！

一九九二年七月卅日北京旅次

同年八月廿一日世界論壇報發表

廣州車站上的「盲流」

——聽他那一口標準的「湖南話」心裡頓生親切；我拉著他走到車站的迴廊下，塞給他二百元人民幣——「你趕緊買張票回湖南去」！他身體像一堆軟泥，就往地上縮，我拉住他……他眞的嚎啕大哭了起來……

大陸地方大人口多，新奇古怪玩意，更是不少，長時間以來，心裡總是夢想，有朝一日，手提著小型照相機，單槍匹馬，深入大陸各城鎭小鄉村，與大陸同胞，作一些廣泛的接觸，採訪名勝古跡和一些實際的生活情況，尤其那些屬於——「最、特、奇、異」和「怪」的風俗習慣，風土人情，形形色色、事事物物。……要深入而詳細地去欣賞、去採集……到了廣州，我就問一位導遊的小姐，對於我的這個構想，是否可以實現。她不太理我，她居然極不友善的說：「住在香港的人不好，我們大陸人，視臺灣人爲同胞，看你們香港人爲第三流外國人」。她當著大衆的面，而且故意把聲音提得高高的：「香港人，你沒有看見，自己生活在別人掌握之中，還自以爲了不起，說話的態度『鴨霸』得要命……」，我問他什麼叫「鴨霸」，她說：「一位臺灣同胞告訴她：就是霸道、不講理，自以爲是……」她越說越起勁好像黃河缺口一樣；她說：「也不想想，自己國家的土地，被別人佔了，每天抬頭就看到別人家的國旗，在天空飄揚，竟然無動於衷，一點自覺之心也沒有……」。而我身旁正是香港「歡樂無線」的朋友——新聞部公關事部記者江關生先生，，他只頷首向我笑笑。

到了廣州，天色已經不早了，但是廣州車站的人潮，卻沒有因爲黃昏的來臨而減少，反而愈來愈多，幾至動彈不得的地步；那些「單騎走天涯的人」，一個小布包，背在背上，有的握在手中，只是幾件換洗的內衣，或飯盒；大陸同胞叫「盒飯」，早上從家裡帶一盒飯出門，中午吃完了，晚上又到賣飯的地方吃一頓飯，然後再裝滿一盒飯，包在布包內，又提著上路了。而那些拖家帶眷的，老婆兒女一起來，太太坐在一個舖蓋捲的旁邊，眼睛盯住過往的行人，孩子都圍在她身邊，丈夫在一旁站著，神情茫然，頭髮鬆散，好像臉也幾天沒有洗了。這就是大陸當局所說的「失業盲流」。他們都是從大陸內地來的，都希望能在廣州和深圳，謀得一個安身餬口的地方。

我問一位趕車的男子，他告訴我要回湖南，他說在廣州已經「打流」了一個多月了。所謂「打流」就是在外面漂蕩的意思。「一個月時間不算短啦」，我說。他哀傷地告訴我自家鄉出來，身上帶了五百多塊人民幣，如今身無分文了……他一個月來，白天買點零食果腹，晚上就和一些等車的人，在車站或找個偏僻的地方待到天亮……說著說著，他哽咽地哭了。江西與湖南，因地緣的關係，素來都以「老表」相稱，聽他那一口標準的「湖南話」，心裡頓生親切，深感難過，我拉著他走到車站前的迴廊下，塞給他二百元人民幣：「你趕緊買張票回湖南去！」他的身體像一堆泥土似的，往地上縮，我趕緊拉他，「別這樣」！他眞的嚎啕大哭了起來，連周圍的人，都被驚動了。

我用手在後面推著他走向車站：「我一定回家好好種田！」他說。

廣州車站的人潮，仍然壅塞著，因燈火已經閃爍，人們也似乎顯得更爲匆忙！我乘街車在圓環轉了一圈，就經解放北路回到東方賓館。

在大門口下了車，我不想上樓去，就靜靜的佇立在門口，心情起伏不定：車站的人潮擁擠和賓館前的舒適寧靜，恰成強烈的對比，同時，那位湖南兄弟，用粗裂的手緊緊抓住我，聲音顫抖哽咽的情景，又一再地升湧出現；這股「盲流」如不作適當的疏理，將爲中國的明天帶來隱憂，我心裡想。

東方賓館外，有一列長形餐廳叫「東方副館」，這個副館可以對外營業，我每天去吃午餐和晚餐，要花二十到四十元，一對年青的本地夫妻，跟我同桌，我問他們：賓館的消費與大陸同胞的收入，似乎不甚相稱……他說：是的，我們覺得大貴了，但是政府當局的意思是「這地方是接待外賓的，你根本就不該來！」他兩手一攤，神情非常瀟灑，聽不懂他們的話，是不滿抑或是幽諷。

一九九二年八月廿日廣州東方賓館
同年八月廿三日世界論壇報發表
原標題：（大陸通訊）

大陸同胞的衣食住行

我第一次去大陸探親，帶了許多衣物，有些顏色比較鮮艷，花式新穎，或者剪裁比較特別的，我們的親友，都不敢穿用，但是近年來不同了，什麼樣的款式都不被認爲是「奇裝異服」了，尤其小孩子的服裝，幾乎與台地的小孩穿著沒有兩樣了。

大城市比較流行，彩色鮮艷的衣服，偏僻的鄉村，仍然是單色的，白襯衫長褲穿短褲的很少見到，即使城市也一樣。這兩年來，城市的仕女流行洋裝，有上下相連的，或短　長寬、褶裙。如果穿長褲，都是狹長的；穿寬袍大袖，長統拖地寬大的褲，在街上或風景區，招搖吆喝的，大都是從香港、澳門和臺灣去的觀光者，在一般大陸同胞的眼裡，認爲這是「賣弄風騷和現寶」！很不作興。

女的比較愛整潔，一些男士大都隨便，而且衣上有鈕扣，總忘記全部扣上，襯衣不喜歡紮子在褲子裡面；也把其中一顆扣子，常常留著不扣，好像已經成了習慣，我第一次去，街上有很多穿綠軍服的人，近年來就比較少了。

一般人對牛仔褲並不熱衷，對尼龍料倒是非常愛好，對棉織品卻視爲稀鬆平常之物了。便宜之至，近年來由於臺灣人士的喜愛，棉紗品料有上升的趨勢。

吃在中國，自古以來就有名，而且吃的花樣繁多，口味雜陳，但是時至今日，吃的講究，反而不及香港和澳門了。我第一次初履福建泉州，跑遍幾條街，竟找不到一家五味俱全的菜館，一家國營餐館，我點了鱔魚、甲魚……廚師竟把肥肥的鱔魚，像切豆角一樣整整齊齊炒了一大盤；甲魚也是用辣椒炒了一大缽；牛腩肉就像極了新竹貢丸，開陽白菜、居然不知什麼炒法，最後也是切得細細碎碎的一大盤，加進了辣椒和葱和烏黑的豆鼓……然而這家國營餐館，牆上還掛了國家的「優勝」獎狀呢!?問他們餐館的廚師那裡去了，說是老一輩的炒手、廚師，文革時被打成「資本主義」餘孽，清算鬥爭光了。現在大飯店賓館，才有好的廚師，小餐館都是平常辦紅白喜事的家師傅在弄，談不上什麼味道了。

這次我在西安一家餐館吃飯，我的朋友子系兒，爲了表達他內心那份眞摯熱烈的友情，點了一客「海絨螺肉」，價錢人民幣大概在七、八十元以上，我倆吃著吃著，也不覺笑起來了，他說：「實在沒有想到難吃的很啦！」

我在好些地方吃飯，菜點好了，也端上來了，左等右等，就是看到不拿飯來，最後向她要時，才說：「你沒有說要飯啦！」我告訴她們我是來吃飯的，她們才說：大陸一切飯館都是一樣，菜和飯是分開叫的！

我在家鄉——江西蓮花的招待所，這裡雖然是偏僻的小城市，這裡的菜餚的確還炒得非常道地，我在上海一些中型小餐館，吃過飯、菜的味道，都比他們差。大陸同胞請客，通常是十二道菜到十六道菜，最少是九道菜，但統統都是雞鴨魚肉，沒有其他雜味，你想要吃點青菜，幾乎是不可能的，他們有個不成文的規矩：「請客蔬菜不上桌！」

我跟朋友子系兄，在廣州一家賓館吃過一頓飯，有廿幾道菜，爲什麼呢!?我們打電話到膳房，說要吃中飯，告訴廚師說：要兩份。原來一份有十幾樣，都是小小的淺淺的小碟子，兩份加起來就卅幾碟了。把一張書桌擺得滿滿的。服務員正要走，我把他喚住：「你把兩份菜相同的放在一起」……我眞的有些生氣了！我心裡想：如果我們要十份八份怎麼辦？

大陸同胞吃飯時還有一個共同的毛病，在一些小館子和家中吃飯，都是一面吃一面將嘴巴裡吃剩下的骨頭、菜餚就隨便向地上吐，於是一到吃飯，狗、貓、雞、鴨、鵝都來了，實在熱鬧已極，這習慣實在該改了。

大陸同胞住的問題，近三、四十年來，與過去似乎有些基本上的改變，三、四十年前，城鄉、都市的住屋，都似乎較寬鬆廣大一些，而鄉村小鎭的人家，住室稍爲壅塞狹小。我在北方與南方，走了許多地方，無論南方和北方鄉下的農家，住家房舍都很寬大；近些年來，新屋不斷建立，每一戶農家，都有空餘的房舍；而一般城市住民的住處，就顯得擁擠，每戶的面積，都要比農村爲狹小，雖然內部擺設，稍爲講究一些，但是也很少有現代化衛生設備，即使一些高級幹部，比一般中下工農人家，也沒有太大的不同，一個現象，都不講究用裝璜、擺設，來增加生活情趣和藝術的氣氛，農人家裡，有廳堂、有廚房、有臥室，還有放農具和米穀、雜糧的地方；但一些城市家庭往往都是客廳、餐廳在一起，甚至客廳中，就擺上了床舖，床舖既用來臥，又當椅凳使用，飯桌也是書桌。客人來了，就坐在舖上，和主人聊天、寒喧。

我拜訪過兩位大學教授的家，有的連招待客人的客廳都沒有；也訪問過一位市政二級單位的主管，小廳內有兩三把靠椅、牆角邊桌上有台電視，天花板下有一座吊掛的電扇，門窗的玻璃、油漆大都剝落得光了，也不去維修，大概因爲房舍是公家的。公家不修自己也就捨不得花錢去修了。一個中學教員的家中，倒有冰箱、電視和音響設備，由於房子的確實在太小了，除了電視、冰箱是放在男女主人的臥室內，其他一些設備，就都擠在小客廳中。就有如上面說的，既是臥室，又是客廳也是飯廳，更是遊息聊天的場所。他們大都是住的公寓房子，每一家的廚房，都在房舍的走廊上。

農村的住民，無論白天和晚上，拉小便都在臥房的角落處，放一木製的尿桶，尿水存放久了，變成紅色，怪味隨風飄散，非常難聞；廁所卻都在距離房舍很遠處，有的用磚瓦，有的用稻草、樹皮蓋成的，由於離臥室和住房，都有一段距離，一旦遇到拉肚子，我不知道該怎麼辦!?

在街道畔一到晚上，就有人搬兩塊木板，擺兩條木凳子架起來，光著背就睡起來了，有的也掛蚊帳，房子外比房屋內涼快多了。而且免得擠。住在鄉下的人，白天也會端條長板凳或搬一張用竹片做的躺椅，找一棵大樹下蔭涼處，打發一個炎炎陽午，因此，如到大陸發展建築事業，是前程似錦了。

「行」是大陸同胞最難解決的一個結，因爲人實在太多了。因此，火車擠，飛機擠，汽車更擠。坐火車還帶一把小凳去，你大概從未見過，因爲座位太少，能擠上去就從懷裡掏出一張小椅子，坐在人家的旁邊，已經是很舒服的了。還有人睡在人家的座位底下呢!?車箱內香煙繚繞，花生殼、瓜子殼、甘蔗渣，滿地都是。人擠人也沒有辦法清掃。

火車有好幾種等級，票價也不相同！

有軟坐臥車票、有硬坐臥車票、有普通加快票、有特別加快車票。由於鐵道平直，車站距離較遠，故大陸的火車，行車速度較臺灣爲快。其中軟式臥車，只有上舖下舖，一小間有四個床位。又分爲高級包房，包房和普通房三種。硬式臥車分爲上、中、下三舖。一小間內有六個床位，由於車少人多，不論那種車類，都是一票難求。如須去大陸旅遊，想坐火車，車票最好預先訂好，免得臨時無車可坐。預先訂票請旅行社或飯店代訂，付手續費就行。

城市、鄉村都有公共汽車，但班次少，車輛都非常破舊，不是不買車，而是票價太低，實在沒有辦法做到汰舊換新，合理的計算票價，再由政府貼補，才能有計劃地把老舊的車輛換掉。另一個辦法是：把單位的車輛取銷，移作公車使用，對交通運輸，可能有所幫助。現在大陸有許多公家單位，都有車輛，而這些車輛事實上，又未對大衆運輸發揮功能，只便利一些關係好的人，單位車減少，轉撥給公共運輸，沒有車的現象也許可以獲得一些改善。

一九九二年九月二、三日世界論壇報連載

原標題：（大陸通訊）

大陸的教育與學風

我在江西的南昌和蓮花等地，參觀過幾間幼兒園。在南昌的那一家是專收職工子弟，而且是在市區，環境寬大，布置亦很幽雅，活動的器材和空間多和大，算得上設備較好的。那天我去時是個傍晚，學童都已由家長領回家，沒有看到老師上課教學的情形；但園內管理得不錯，雖在傍晚，仍有專人在照顧，門禁頗嚴，陌生人進入，還須仔細查問；很安靜，環境很清潔。

但是，在另外一個鄉下，參觀的一間，就實在太簡陋了。那間幼兒園，是設一間老舊的房子中，圍牆已經倒了一半，把孩子放在那裡實在危險；只有一間教室，二三十個小孩在一起，沒有桌子，坐的椅子，有的是凳子，有的是用木板釘成的，還有的孩子，沒有凳子，就搬磚塊疊起來，當凳子坐了！地上都是紙屑、垃圾；我在門外站了一會，也不見老師上課，陪我的人說：鄉下人家，對幼兒學前教育，還不太注意，家長們農事忙，有個地方放孩子就安心了，給孩子學什麼、教什麼，他們是不管的！

一般小學，尤其鄉下的設備都很差，幾乎談不到「設備」，大多數的鄉下小學，還是借用一些祠堂、廟宇做教室，通常只讀五年就畢業。但是，城市中的小學要讀六年。

有些桌子是長條的，一張坐二、三個學生；也有是一個一張桌椅。大部份的黑板，只有門板大小，掛在牆上，因爲實在用得太久了，原有的油漆都脫落了，快變成白板了。學生都沒有統一的校服，各色各樣的穿著；也不帶飯盒，上午四節課上完，各自回去吃中飯，然後自行返校上下午的課。城市裡的「重點小學」，管理得比較嚴格，成績不好的，要留校重讀。「課後補習」這個被臺灣人說成「惡補」的風氣，也已經在流行了，這種風氣，中學頗爲顯著。

中學，在文革時，只要讀兩年，甚或一年半就畢業。現在不管城市和鄉村，高初中都得各讀滿三年，考試及格後才能畢業，大部份好的中學，所謂「重點學校」，搞升學，都在城市，那些中學，設備較好，師資較優。近年來也已統一，規定穿校服，據說：一些年青的老師，大部份來自「師範學院」，有的讀三年，有的讀四年；但一些年紀大的教員，只有初中程度。

由於升學壓力大，很多家長擔心孩子，考不取大學和高中，要求老師「課後輔導」，也在熱烈的進行，不過公開掛牌，開補習班，好像還不多見。但是爲了「升學」，提高大考、高考的錄取率，以前在正常課程完後，繼續留校上課，是屬義務性質，近年來，已經公開收費，作爲老師賺取外快的手段了。一般高中爲了教學上的方便，學生的適應能力，通常都分文、理、技藝各類組，讓同學選擇，大陸上的大學專校，有許多是屬單科的，對升學頗爲便利。

「高考」即大學聯考，大陸也是每年六、七月舉行，競爭得非常激烈，我在西安旅遊採訪時，正碰上大陸大學考試後放榜。我的一位在中學任教的朋友，這幾天忙得不可開交，每一個學生家長，都向他打聽自己的孩子，可能分發到那一個學校。「奔走、說項、求情、送禮」，焦急之情，無以言表。

一般說來，大學考生的分發，也是按考試成績分發就讀學校，但是，他們升學的方式，除了考試成績外，還加上了其他許多因素，所以考試的高低，也不是絕對和必然錄取的條件。據一位朋友說：前年就發生一個優秀的考生，按成績應該入北京中央藝術學院，但結果硬是被分發去一個三專，這個優秀的考生，公然地拒絕了，自己願意重考，結果如願以償地，進入了她自己的理想學校。因此，那位朋友說：問題最多的，就是大學。他同時也強調，大學最嚴重的問題，倒不是經費，而是制度不明，師資缺乏，文革時使學校斷層了十年，現在新的教師未養成，老的教授年歲太高，留學國外的人不願回來；請外國教授，問題也不簡單，那位負責學校行政的李先生，一面說一面猛搖頭：「還要頭痛一個時期……」

另外，我還要談談大陸大學的證書：在南昌我看過一位姓皮的大學生，新領到的證書，外殼是紅絨布燙金上書：「畢業證書」四字。但這種證書，無論紙質、印刷、色彩，實在太粗劣，太簡陋了，比不上臺灣一般幼稚園畢業證書，那樣精緻、堂皇大方。證書內的用詞，也不夠莊重，只蓋了一個小小的藍色印章，看起來的確不夠氣派。我向接待我朋友說：一個學生辛苦了三四年，畢業證書實在應莊重嚴肅一點才對，他也認爲該改進。

證書上也沒有學生照片，中國人看印信慣了，一張大學證書，沒有一顆大印，看起來總覺少了什麼一樣，而且像缺少一種價値和眞實的感覺。

兩岸的教育，由於時代賦予的使命不同，無可諱言，都曾經「悖離了教育的本旨」，一個長時期，它對國家、民族造成的「影響與傷害」，無疑是非常深遠、嚴重的，但是大陸上的各級學校，對民族思想，國家觀念，這一點上無疑比臺灣要強多了。

我在大陸上旅行觀光、採訪，鄉村城市，都逗留過，所接觸過的，官員、小學生、普通民衆、中學生、大學生，以及不論他目前的生活如何困難，工作如何不如理想，課業如何繁重，但他嘴裡說出來的話，都充滿著自信，心理雖然對政府一些作爲，或某些官員個人的行爲，有些不滿，但對國家、民族，沒有半句怨言，不管他站在任何一個角度，都會表達出一個國民對國家、對民族應有的尊敬和熱愛。

對於臺灣這個地方，大人不用說，卻使小孩也知道，是中國的一個省，是中國的一部分，統一是必然的，對香港……立刻要從英國人手裡收回來，無論大人小孩，都表示無比的興奮。有一點他們對臺灣的廣播或是傳言：「香港的資金流失了，人才外流了，年青的人都移民啦……言外之意，就是香港九七年後，就要交給中共……一切都完了，香港的末日就要來臨了……」這種說法表示不解，爲什麼要這樣說，他們在問：難道一個國家，收回「失土」也錯了！

他們知道：記者曾經在大中小學教過書，他們更尖銳地問我：臺灣的「教育」，平常是怎樣教導學生和人民!?九七收回香港，應該大賀大慶，而臺灣卻說是：「九七大限」……。這種態度，在他們每一個人聽起來，都覺得不可思議。爲什麼會有這樣一致的看法和想法，無疑這是平常思想教育的成功，所以能對國家、民族的愛，產生一定的概念。

我也在許多場合中，被問到：臺灣是中國的，憑什麼美國人，要製定一個「臺灣關係法」，來控制臺灣的問題!?居然住在臺灣的中國人，大官、百姓也被接納了，以爲眞的受到保護了，還暗自慶幸，還沾沾自喜，他們覺得非常詫異不已，大陸同胞認爲，臺灣同胞有這種表現，這筆賬也記在「教育」失敗的一環上面了。

他們了解「臺灣關係法」，是美國的國內法，他們覺得既是美國的國內法，爲什麼又能適應於臺灣呢？美國人說：他們關心臺灣的安全；這一點，更使他們莫名其妙，臺灣的安全關他們什麼，用得著他們來關心嗎!?他們說：中國可以製潛艇、可以造飛機、有洲際飛彈、有核子……還勞得到他們來關心嗎？有些同胞說得更透澈，其實，眞的辦起事來，美國人也沒有這個能耐的，他們說：在越南還不是被中國人，打得落荒而逃……在韓國纏到最後，也不是灰頭土臉，狼狽地回去……換句話說：大陸同胞即使是小學生，對臺灣的統一，都有一份無可動搖的信心，不應當忍辱含恨去依靠外國人，他們認爲中國一定要統一了。

一九九二年九月六、七日世界論壇報連載

原標題：（大陸通訊）

傲世傳奇的手工藝

中國是孕育世界所有文化的發源地，我這樣說中國人當然贊成，我想：外國也許沒有人敢伸起手來反對，或心存懷疑，這不是偶然的，或者倖致的，中華這個歷史古國，由於地大物博，幅員遼闊，復有五六十個民族，繁衍綿延……，基於各個民族文化的特性，孕育成長出來的，基於娛樂，基於生活上的需要，而產生各種的民俗藝術，這種藝術不僅象徵著大中華民族的文化，而且成爲凝聚民族團結的精神和力量，所以各種手工藝技術的傳承與發揚，不僅是中華民族團結的象徵，更是中國興滅替續，繁衍綿延生生不息的所在。關係極端重要。

這次記者經過南昌；景德鎭近在咫尺，但由於飛機航班時間所限未能前往，但我卻在參觀江西大學時，一位遠親王金仁兄，送給我一只「青花瓷瓶」，它屬於「薄胎瓷」，雖然不是精品，但「薄胎瓷」是中國瓷技的一絕；這種瓷器，是以手工托之而成，特別輕盈，被說成：「輕若浮雲」，素有「薄如紙，明如鏡；白如玉，聲如磬」的讚美。

我第一次返鄉探親，在廣滬車上，巧遇景德鎭日報總編輯曾春生兄，（現調廣電局長），我返台後，他寄我一隻茶壺和一隻小花瓶作紀念。可惜小茶壺，在郵寄途中，被壓破碎了，小花瓶則完好如故，其色純白，上繪彩色茶花，並停一隻小鸚鵡鳥，瓶和畫精美至極，令人喜愛。德興的瓷器，也很出名，我的表弟仁清，還特別將他的兒子，從德興買來一尊白玉觀音，質料藝技，都屬上品，回到臺灣後，很多崇仰觀音大士的信徒，都千方百計，想說動我，轉送給他們，因爲，我當藝品看待，他們要把她當「神祇」供奉。

有一次子系兄曾一再說：要去宜興（江蘇）買隻茶壺：宜興是陶器名都，尤其紫砂茶壺，世界有名。在西安，在重慶沿路上，都有人用報紙包裹，或用手絹包裹，挨近你的身邊，故意四處張望一下，壓低了聲音——「這是剛出土的『紫砂古茶壺』，便宜賣給您！」

還有人，尤其是在一些路邊的——「書畫走廊」，更多的人，在一個有袋子底下，掏了半天，摸出一方石硯，硬說是安溪「端硯」，要您買下。這些路邊「畫廊」，所賣的藝品都很精緻，質材都是上好的，有宣紙、有硯台、有徽墨、有各種大小不同的毛筆，尤其有些人強調：手中拿的是一流的「湖筆」。

如果你到了上海，如果你又對手工藝特產品，有興趣欣賞的話，上海工藝品陳列公司，也叫上海購物中心，這裡說它：各種手工藝品「應有盡有」，實不爲過，因爲它匯集了中國各省市，各自治區，各地方，所有說得上——名、奇、特、精、良、優、雅的工藝品都有：珠寶、玉石、絲綢、刺繡、雕刻、陶瓷、書畫、金銀銅鐵器等，大至家具，小至飾物，無所不備。

有一次我到達上海，下了車，一時糊塗了，以爲是南京，叫計程車把我拉去「夫子廟」；司機愕然了半天，他說：「知道啦！」卻把我拉到了——「城隍廟」，還好，「豫園」就在旁邊，也就將錯就錯，我沒有說司機先生：他也覺得自己拉對了。於是高高興興請他吃個飯，就到「豫園」去觀賞一番。司機告訴我：「這裡的東西，都是從全國各地搜集來的。只要看，不必買，價錢貴死了！大陸同胞來這裡，都是來看的。」他說：看就夠了，買回去也是沒有用，也只能看的，他指著一個「宮燈」，一種「福建漆器」，肯定的說：「沒有實際用途。」但是他對一種「永康菜刀」和「杭州剪刀」，卻發生興趣，他告訴我：聽人家說：這些挺爲耐用的！事實上他也說對了，工藝品基本上，是注重「欣賞」，而不在乎它的實際效用的。

不過，記者也要順便指出，豫園中的手工藝品除外，一些書畫、碑帖等，複製品較多，購買時要注要，不要弄錯了。

一九九二年九月十六日世界論壇報

原標題：（大陸通訊）

酒店賓館都有販賣部

在大陸的大飯店，通常都是叫「酒店和賓館」，而不叫××大飯店。尤其一些新興城市，通衢要津，幾乎千篇一律，都這樣稱呼。但是一些古老小市鎮，建築在公路兩側的，而又不叫「酒店」，卻直呼「酒家」。這「酒家」就是四五十年前的「中伙安宿」的小客棧，形式與招待方式大都一樣。開車行路累了，到裡面喝點飲料，打個尖，天黑了住一宿，明個兒天一亮，就繼續行程，頗符農業社會消費低廉的要求。

至於近年興起的觀光大飯店，就不同了。一切設備現代化，消費雖然奇高、服務品質也比不上臺灣好。這些「酒店」和「賓館」卻有一個特色，大都附有一個——「販賣部」，而且這些「販賣部」，幾乎市面上買不到的東西，這裡都能買到，如：醫藥、絲綢、電器、手工藝品，以及各色各樣，來自全國各地的「特產」的確應有盡有，很多酒店、賓館中，最特色的，另一個專櫃室，就是臺灣所沒有的「藝術書畫走廊」。我在成都、在上海、在廣州，在西安都參觀過，國畫尤其「字畫」特別多，也許是毛澤東喜歡寫草書，所以大部份的，除了古字畫外，一些現代的書法家，所懸掛出的字畫，大多是草書，正楷字畫，雖然有，但不多。我也在許多街道、通衢、橋頭，都看到毛澤東親筆，所書寫的詩詞的草書，做成長條木匾，懸掛在許多鮮目的地方，所書寫的詩詞，有些是毛澤東自己做的；有些古人的詩詞，初看也頗新鮮醒目，掛詩詞書畫，起一般口號、標語，來得有此意義。

國畫中花鳥蟲魚山水、人物，各類作品都有，古畫鄭板橋的字和畫頗多，齊白石的也不少，我第一次去大陸，一些在飯店裡賣畫的，都是論捲、論捆的，爲有心人拿回臺灣賺進了不少錢，現在就沒有這些機會了。每一幅畫，標價都令人驚訝不已。但是至於能否賣出去，就不得而知了，我問過在一家賓館，負責販賣「藝品字畫國畫」的「女同志」銷路如何？她緊抿著小嘴，搖頭、笑而不答。站在旁邊的一個中年「女同志」，卻說：好的畫被文革時的紅小鬼毀掉了，剩下的一些精品，被國家收去了。掛在這裡的一些畫和字，都是現在一些未成名的人寫的畫的，不成氣候嗎，誰肯花錢買。言談中頗多揶揄，大概坐冷板凳太久了，心裡有很多不耐。

其次是，彫刻印章的手藝也頗好，有好多賓館都陳列各種玉石，尤其雞血石特別多，各種玉石雕刻印章，旅客爲留個紀念，生意也很好。大陸畫家，是不是不喜歡搞油畫，我看過許多賓館、酒店的藝品陳列室，就是沒有油畫、水彩也頗少見。

至於第二個特色，就是陳列各種各類的中藥、膏、丹、丸、散樣樣俱全，這些中藥，尤其能夠招徠港澳台顧客，其中台胞對中藥特具興趣，大包小包總是滿載而歸，使當地的人，覺得詫異；中藥有些的確頗富療效，但總不會像台胞那樣，信得如此沉迷，每一種藥，都說得有「起死回生」的效果，被他們形容成「呆胞」，不是沒有道理的！

大陸出產的中藥（其他貨品也一樣）以前不太注意包裝，近年來，一些稀鬆平常的藥材，也裝璜得漂漂亮亮的，原以爲又可以刺激台胞的購買力，這一點卻意外，據服務小姐說：老舊的包裝，反而吸引顧客，大概也是合了那句：「牌子愈老愈好」的俗諺。

書畫、中藥這兩種販賣品，在大陸每一個賓館、酒店、飯店、火車站、飛機場都可以買到，可見他們對於經商買賣，還是挺注意的，資本主義社會和共產主義社會，並沒有什麼兩樣。

一九九二年九月十七日世界論壇報

原標題：（大陸通訊）

大陸同胞的簡體字習慣語問題

七十六年開放大陸探親數天，我就參加了康年旅行社的返鄉團，在香港東方賓館住了一宿，第二天就到了廣州車站，一位同伴對我說：「你看廣州車站的『广』字，下面的部份脫落掉了，他們也不管了」。

我告訴他，不是筆劃掉落了，而是簡體字的「廣東」的「广」字。比如說：廣東就是「广東」。工廠就是「工厂」。生產的「产」，下面的生字也省掉了。再如：消滅的「灭」，外面的三點水和「戊」字，都沒有了。

比如他們說的：幹部、樹幹、豆腐干、竹干，都是同一個「干」，這又似乎同音、同用了。醜陋的醜，大陸同胞，也是寫作「丑」的，不過，在臺灣似乎也有人這樣用。一般讀書人寫的字，簡得並不離譜，差不多的人都認識。我覺得簡體字，並不會帶來兩岸交流方面的麻煩。

記者在大陸好多城市、鄉村都走過，倒是他們在生活上的用語，跟臺灣出入頗大呢!?

比如說：我們天天騎的「摩托車」，大陸上有些地方，都叫「電驢子」。我們說的：「太保、流氓、阿飛」，他們說「二流子」。說「游手好閒和好吃懶做人」，叫「二賴子」；說楞頭楞腦傻乎乎的人，叫「二楞子」。這都是北方人說的。我的朋友：他就常說：「可不!?傻楞楞的！」聽起來怪悠人的。

對一些科技新名詞說法也挺特別，比如：「太空梭」大陸同胞，管它叫「航天機」。電腦叫「電算機。」冷氣機叫「空調」。我們對日常在家裡用的電器，他們稱之爲「一輕產品」。一些常用的工業產品；他們管叫：「二輕產品」。這樣的說法，就稍嫌過於籠統、抽象一些了。

他們把「冰箱」，叫做「雪櫃」；把「冰棒」叫「水棍」。雪糕稱作「冰淇淋」；還有一些地方稱冰棒爲「雪條」。我想是這些東西，突然由返鄉探親的人帶回去，名稱尚未統一，各人隨便叫出來的。不像臺灣一樣，一件新產生品上市，好幾個月前就在報上、電台上、電視上打廣告，名字都叫爛了，產品還未來，名字就先到了，這種情況不同的原故。

我們在臺灣常說的自助食品、休閒食品，在大陸流行的名字也很多，也頗新鮮，比如說：「速食麵」，大陸同胞不叫這個名字，而說是「方便麵」。我覺得叫得非常「得體」。還有，我們每天上班上學，帶的「飯盒」，大陸同胞不叫「飯盒」，而叫「盒飯」。也是非常合理的，如果要解釋：「飯盒」，應該指的是空的；「盒飯」，則是裝的滿滿的，盒內有飯的象徵。

馬鈴薯叫「土豆」；似乎就有些離譜了，臺灣把落花生叫「土豆」，這似乎也是不相稱的。

在臺灣買火車臥舖票；在大陸叫做「軟臥」。普通票、快車票，對一些沒有沙發坐墊的，都叫「硬坐」。在臺灣問人家從事何種工作；大陸人則說：搞什麼職業，比如說：搞教育、搞美術、搞生產，這個「搞」，在臺灣人聽起來，頗爲粗俗不雅，但大陸同胞習以爲常，不覺得有什麼不好聽和不雅的意思，習慣成自然故也。

在臺灣也有所謂的「鴨霸」，乃流氓不講理的人；在大陸這種「霸」更多，有所謂「車霸」「路霸」；就是在火車上搶劫的人；在臺灣一些電影院、火車站、霸佔地盤買票，然後以高價賣給別人，這種人叫「黃牛」，在大陸則叫「票霸」！

對一些中介人，跑碼頭、做掮客、兩頭賺錢的人，在大陸上管他們叫「倒爺」；在臺灣叫「掮客」。在大陸一般的相互稱呼，都叫：「同志」；夫妻相互稱：「愛人」，也可以相互稱「同志」。自己單位裡的上司主管，稱爲「領導」。每一個單位的主管都是「領導」。我初履大陸，人家叫我「同志」，覺得非常刺耳，但叫慣了，習慣了，也覺得好聽一樣。

一九九二年九月廿八日世界論壇報

原標題：（大陸通訊）

大陸的名菜和小吃

湖南省和四川省的菜餚，都是以紅辣椒炒作最出名，但是如果兩相比較，則湖南人吃辣椒的凶勁，比四川要高出許多，筆者和一位四川老鄉，在成都共餐，一盤豆腐干炒苦乾子魚，一碟菜上桌，四分之三以上都是紅辣椒，小魚和豆腐干，只是象徵意識；用筷子上下幾翻，才找到幾條小魚，剛放進嘴中，喉嚨即刻發燒，眼淚鼻涕就奔瀉而出了。眞是不敢領教，但記者到了湖南長沙，一位朋友家中，菜沒有來湯先到了，只見滿碗都是斜切的紅辣椒，除了幾棵綠色的蔥花，還有一些肉絲和豆芽，沉在一口大蘆碗之中；朋友說：「先來碗湯吧！它挺開胃的！」他眞的咕咕嚕嚕地喝下去了。

現在就來介紹一下，這兩個辣椒民族，其實，應該說是三個，還有一個江西；江西人吃辣椒，也是挺有名的。不過這裡是介紹一般的小菜，不是以辣椒為主的。

在長沙我吃過一種叫「吵牛雜」的名菜。臺灣也有，但它的做法特別，包括大腸頭、牛喉管、牛心、牛肺，洗淨切成條塊，廚師說要在旺火至七八成熟，然後加醬油、紅辣椒、桂皮、精鹽，再用小文火燉爛，盛入上桌。這道菜鮮香鹹辣、汁純味醇……離開了長沙很久了，還覺得餘味生香呢？

湖南以臘肉最富盛名，但記者在一個餐宴中，吃過一種名叫「腊味鹽漬飯」，跟臺灣的魯肉飯，製作方法大致相同，但風味特殊，頗爲好吃，不像臺灣的魯肉飯油膩，它的用料包括：香腸、叉燒肉攪和後，用粳米放入一口瓷器內，蒸熟並淋上芝麻油，即可食用。廚師告訴記者，這種「腊味鹽漬飯」，很適合工商社會，新速簡便的方式，而且營養豐富，也符合快餐的要求，可以推廣。

在四川重慶有一種叫「燉鴨汁」的小吃，頗像台北中華路上賣的「當歸鴨」和「鹽水鴨」，但它風味更好，那個服務小姐說：這種「燉鴨汁」，要選鮮肥的母鴨，用紅枸杞子老薑烹熟，佐料老薑、味精、胡椒粉而成。

我們吃的時候，鴨的背骨，薑、枸杞都已取出，只剩下鴨肉絲及鴨汁；鴨絲細嫩、鴨汁鮮美，的確是令人回味無窮，四川味不放辣椒的很少，這道「燉鴨汁」卻是以老薑代替辣椒，大概就是臺灣的薑鴨湯吧！

四川成都的餐館中，在筵席時有一種叫「酥皮鴨餃」的小吃，色澤金黃，引人垂涎。負責介紹的小姐說：這種餃子，是用鴨肉絞碎，和鹽酒拌勻，再加蛋白、豆粉和豬油，在鍋內炒熱；再放入冬筍、蔥花、胡椒粉、味料拌和爲餡，餃皮是用麵粉油酥壓平而成，把餡包進去成菱角形，放進油鍋中炸成金黃色而成「酥皮鴨餃」。

江西蓮花有名的菜餚是：「血炒子鴨」，你到蓮花你一定嚐過；這道菜已經成了江西蓮花的招牌菜了，去了你沒有吃上，就算白跑一趟了。它幾乎是大小筵席都少不了的菜餚。記者卅年前，就在臺灣中央日報和江西文獻介紹過，這次回到江西蓮花，根據對這道菜最有炒作經驗的高手說：鴨子要三四個月大的嫩鴨，太大了就嫌老了，肉和骨嫌太硬了。宰殺鴨子之前，準備一口大碗，放清水少許和清酒、鹽一齊入碗，鴨血注入碗中，要趁熱趕緊攪和，慢了就凝固了，把血攪成棉花或糊狀，等炒熱了的鴨肉，熟透了，把血倒進去再攪和幾下，一盤鮮美的「血炒子鴨」就成了。

那位「血炒子鴨」高手說：鴨肉要切得細碎，連骨帶皮和著辣椒一起炒，爲了使他成糊狀，有的人並加入茄子，或苦瓜一類東西，味道特別醇美。

蓮花還有一種休閒食品，就是「酥豆子」，用黃豆或花生仁炒半熟用糖水漬過，滾以米粉二、三次，至理想大小爲止，然後入油鍋煎炸至金黃色，頗爲酥鬆香脆，由於手工不講究改進，如今被日本人把方法偷去，取名「翠果子」，在臺灣休閒食品方面，大行其道，眞是可惜。這種「翠果子」日本人它不用黃豆子，而用豌豆子而已。

「狗肉好吃名聲醜，老鼠肉好吃，謀不到手。」在江西流行這麼一句俗諺。所以說吃「狗肉」，決不止廣東、廣西人喜愛。其實，各省的人也有這個「偏好」。在臺灣是一到冬天，到處都掛著「香肉上市」的牌子。故「香肉」成了「狗肉」的代名詞。但是，記者在大陸，卻發現了另一個漂亮的名字，稱狗肉爲「地羊肉」。

有一次在湖南長沙一個偏靜的街角，招牌上寫著：「紅煨地羊肉」。我佇立注視良久，不知指的何種動物，問附近的人說是：「地羊肉即指狗肉而說的，」他並幽默地說：以「掛羊頭賣狗肉」而來的嗎？他避開了「狗肉和香肉」的名諱，而稱「地羊肉」，一時之間，我對湖南騾子老表，肅然起敬來了，人家常說：湖南蠻子，從這裡可以看出，湖南不僅不「蠻」，而且文雅得很呢？由這裡可以看出中國人，對狗的情感蠻深的，即使喜歡吃狗肉，也不願眞說「狗」的名諱呢！

「紅煨地羊肉」這道菜，做起來倒還頗周折的，先把「地羊」宰了，用滾水把毛褪去，然後用稻草燻燒，把細毛燒掉，把狗皮燻成金黃色，剖腹把內臟取出，再用開水燙掉穢腥味，剁成細塊，摻入各種佐料，薑、蔥、蒜、辣椒、五香、桂度等，在紅滾的茶油或菜油中煎炒，並灑上酒和醬油，七八分鐘後，裝進瓦罐內，放在一口大鍋中，至熟透煨爛爲止。有些人是把地羊肉煮熟煨爛之後，重新放在攤鍋之中，用烈火加進以上各種佐料油炒，兩種作法，都風味香甜鮮美。

您吃過用蘿卜、蕃薯、豬肉、魚肉做成的水餃嗎？江西省信豐縣，有一種小吃名叫「蘿卜水餃」，是信豐的小吃，三寶之首。據製作的人說：先把蘿卜切成塊煮成泥狀，加蕃薯粉勾欠拌勻，揉成條塊、顆粒壓扁成餃子皮；然後將豬肉、魚肉切成小丁，加入醬油、味素、蔥花等作餡，包成菱形，盛入蒸籠中，旺火蒸十五分就可起鍋，再加些醬油、香油、椒油什麼的，就可以享用了。

在臺灣臺北圓環、萬華夜市的食攤上，都有一堆堆滷好的小田螺，供人飲酒佐餐，每個人翹起嘴巴，咻咻的吸著，一股油油有味的樣子；記者在上海靜安寺附近一個小吃店，也看到一堆人雙腳翹起，嘴巴「咻咻」的吸著——「香糟田螺」。這種「香糟田螺」，製作過程可能比臺灣的做法，較爲繁瑣。先把田螺尾部去掉，放入清水讓其把污泥排出，使其乾淨。準備佐料有醬油、黃酒、鹽、糖、香料等，把田螺一起放入酒糟內煮熟，然後加入生薑、蔥花、辣椒、熱炒，滷水乾了起鍋就可以「咻咻」吸著吃了。送酒送飯兩宜，糟香溢鼻，口角生香，味道好極了。

「炒米粉」、「米粉鮨」……臺灣的大街小巷都是，炒米粉，但沒有「米粉鮨」；米粉鮨不知是什麼味道？這次在江西南昌，卻親嚐過，的確特具芳香美味可口；臺灣的炒米粉，分米粉和冬粉兩種，裡面的佐料，似乎也較雜，尤其自己家裡的炒米粉，隨人高興亂放，但我在江西南昌市，看到的炒米粉，製作過程，就非常制式化了，非常考究，聽說這種做法，有數百年歷史呢！米粉是大米做成，先煮成八成熟，出鍋讓其冷卻；佐料如肉絲、薑絲、蔥花、辣椒粉，一起放在油鍋中熱炒，並加米酒，使其香辣，變色到一定程度，才把米粉全部倒入，使其均勻熟透起鍋。這時每一根粉絲，都脆軟鬆散、滑溜油潤、光澤照人、引人唾涎。

福建省的泉州市，也有「炒米粉」店及攤販，吃的人也頗多，它與江西南昌不同，除了米粉外，主要配料蝦仁、豬肉、菜類，跟臺灣的做法沒有兩樣，福建人放許多韭菜在裡面，在臺灣我沒有吃過韭菜炒米粉。

福建人把炒好的米粉盛在碗中，然後將肉絲、蝦仁，舖蓋在上面，大概是爲了吸引人吧！我在臺灣看過的炒米粉，大都是把所有佐料配料，摻進在一起的。這樣味道應該是比較均匀一些，很可能時間過久，就成糊狀了，這是缺點，分開炒，可能就沒有這個毛病了。

一九九二年九月廿三、四日世界論壇報

原標題：（大陸通訊）

北京昌平明十三陵掃描

——走訪歷史遺跡，細數諸君起落

您如果到了北京、故宮、天安門這些地方，您一定要去的。但是，離北京北郊不遠的昌平縣，您更不能不去看看——那一堆堆喚不回來的「皇帝」。

在北京清華園搭上去長城八達嶺的專車經沙河鎮，就在中途的昌平縣下車，明朝十三陵墓，就在昌平縣的北郊，溫榆河的上游，那兒有一座小山叫天壽山，天壽山下正好有一塊小盆地，它的東西側，現在有一個十三陵水壩，從水霸內有兩條小支流，又把原來天壽山劃成東、西、北三個部份。那些「明十三陵墓」，坐落東邊的有九座；北邊的有三座；西邊只有一座；就是思陵—明朝最後那個自殺在煤山的皇帝—崇禎。他生前多難多災，死後也孤零零地，好不可憐。去參觀的人，從老遠老遠就看見的，那個用白玉石築砌而成的高大牌樓—彰顯門—。進入這座牌樓氣勢雄偉，正面有六根頂柱，據說：柱與柱的間隔，是二八點八六公尺，共有十一層樓，中間最高的那個牌樓有十四公尺，頗爲巍峨。

由彰顯門往前行，就有一座黃色琉璃瓦，配著紅牆的大建築，名曰：大宮門；因爲它是紅色，所以人都說：大紅門。進入這個大紅門，就算入了「陵區」了。

華表、翁仲、石獅、碑碣、亭閣，沿著道路兩旁豎立，看了使您啓幽思，發憤懣；因爲：這些人生前作威作福，錦衣玉食，享盡了人間榮華富貴。唉，倒頭來，還不是一堆黃土，一塊墓碑，供人憑弔而已！

墓道的兩邊稱爲龍山和虎山，有水壩，有高爾夫球場，有空中旅遊機場。十三陵是從明朝第三代皇帝——明成祖朱棣（長陵）起，他的年號叫「永樂」。以下是仁宗朱高熾（獻陵）、宣宗朱瞻基（景陵）、英宗朱祁鎮（裕陵），這之間應該還有一個叫代宗景帝的君主卻沒有看見；憲宗朱見深（茂陵）、孝宗朱祐堂（泰陵）、武宗朱厚照（康陵）、世宗朱厚聰（永陵）、穆宗朱載厚（昭陵）、神宗朱翊鈞（定陵）、光宗朱常落（慶陵）、熹宗朱由校（德陵）、思宗朱由檢（思陵）；另外明朝開基皇帝朱元璋，及只做了三年不到的一個君主，被燕王成祖逐出宮庭的明惠帝（建文皇帝），也沒有下落了。明朝十六個皇帝，只有這個「靖難之變」的惠帝和「奪門之變」也稱「土木之變」的景帝，境遇最淒涼。尤其景帝，多少年之後，英宗朱祁鎮，還派鄭和七下南洋去追尋他呢？政治無情於此可見。

參觀完了明十三陵墓後，我們不妨來回顧一下，明朝朱家的老大，明朝開基皇帝——朱元璋。這位老兄是濠州人，幼年連飯也沒有得吃，只好跑到皇覺寺去當和尚；元朝末年正是兵荒馬亂，群匪蜂起的時代；郭子興據濠州，朱元璋認爲和尚實在幹不下去了，就跑投靠他，沒有想到郭子興一見其狀貌非凡，就把他留在身邊，當了一名衛士，並立刻將一名義女馬氏許配給他，朱元璋更是每戰必捷，不負郭的期望；郭子興死後，衆官兵就奉他爲吳王，不知這位吳王，眞的天縱英明，還是運氣特好，把所有的對手，如陳友諒、張士誠等都打垮了，就在應天府南京，當起皇帝來了。從此，明朝延續了二百七十多年。

這位開基皇帝的陵墓，卻不在北京的昌平縣，而是在江蘇的南京，紫金山南麓，到過南京的人，一定知道明孝陵。據說：這座陵墓自洪武十四年就開始興建，三年後才完小，明朝十三陵中以成祖的長陵爲最高大，但與南京的明孝陵比起來，就小巫見大巫了，建築佔地極廣，宏偉巍峨，規模壯麗，可惜歷經滄桑，戰火兵災，將陵墓破壞得不成原樣，但墓前的大金門、石人、石獸、碑亭、各種石刻，仍頗爲完整，假以時日，世人爲了珍惜古蹟，一定會重加整修，讓這位曾經替人放牛、看鴨、平民、布衣、僧侶而至皇帝的朱元璋——那種人生過程特有的風範，能留傳下來。

一九九二年八月二日同年九月廿七日世界論壇報連載

原標題：（大陸通訊）

附錄：繪事後素丹青集

詩經：『巧笑倩兮，美目盼兮，「素以為絢兮」，何謂也？』

『繪畫之事後於素；謂先以粉地為質，而後施五彩；猶人有美質，然後可以文飾』。

——孔子答子夏問

我學畫的過程

——丹青集代序

賀志堅

國畫對我來說，應該算是有淵源的，因爲我的外祖父是經營「紙馬」生意的世家，對裱褙和書法、繪畫，是有不可分的關係的。所以，我的兩位舅舅，都是會畫畫的，尤其我的大舅舅王芹香，不僅在紙上可以畫出靈巧、生動的畫幅；在白粉牆壁上和屋檐的綿延方格中，也可以畫出巨幅精妙的壁畫來，到現在我們家鄉的許多祠堂、廟宇的白粉牆上，還可以看見他倆六、七十年前，所留下來的畫呢！可是兩位舅舅在一九三〇年七月初六日或是九月十六日的同一個時間裏，被人羅織一種莫須有的罪名，而冤枉被殺害了。被殺害時，大舅舅王芹香，只有三十二歲，業小學教員；二舅舅王蘭香只有二十七歲，筆者只有三、四歲而已。這是我母親說的；但另一個說法是：王芹香是七月初六日；王蘭香是九月十六日，他倆英年被害，唯一留在家鄉祠堂和廟宇的，只有白粉牆上的國畫和書法。

小時候，父親拉著我：站在那些巨幅壁畫前說：「這些畫都是你二位舅舅畫的。」我心中非常欽佩與仰慕。並在心裡想：如果眞能當一位畫家多好。

大概是一九五七年冬，我在臺灣省立臺北師範學院（師大前身）習童訓，一天我同學的弟弟王小清讀美術系，他跑來說：「賀大哥，你喜歡畫畫，跟我去美術系上課。」於是，我書寫了一篇《正氣歌》和畫了一枝七葉蘭花，同他走進了教室，當時西畫和國畫，好像是共同一間大教室。

教室裡同學很多，我們就選了最外圍的一張桌子坐了下來，老師進來了，他巡視一圈；奇怪，他就在我後面停下來了，我低著頭畫，畫錯了就用饅頭擦掉，忽然，他從背後說話了：

「你什麼時候來的？……」我不作聲，仍然低著頭，他又說：

「你都還沒有入門嗎？」他似乎很生氣的樣子。

於是，我頭也沒有抬一下，就拿起兩本書，往外跑，老師楞楞地站著，我彷彿聽到：

「咦！他火氣還蠻大呢！」（他以為我也是光交費不去上課的學生），但他彎下腰去，將我的書法及畫稿，拿起來一看，氣也消了，並趕緊問：

「他—是誰，帶來的？」王小清舉起手……

「去！去！趕緊把他找回來……他比你們每一個都有靈性」……王小清跑到文學院的走廊上，把我叫住：「賀大哥，我們老師，要你回去……」很可惜，我當時沒有「順勢而為……」，如果，我回去了，繼續和這位老師學畫，說不一定眞的已經成為「畫家」了。因為這位老師，後來風雲際會，成為臺灣藝壇，享有崇高盛名的巨擘。唉！我就這樣失去了跟一位名畫家學畫的機會了。

數十年之後，我從「臭老九」的崗位上退下來，幾次返鄉探親，看到已經七十多年前的巨幅壁畫，已經剝落或是快要剝落了，而村子裡的人，也任它掉落、墜毀……我心中有說不出的無奈和難過，以及更充滿了對兩位舅舅一生的遭遇，而感嘆與唏噓。

—那股沉澱在心底的「奇想和願望」，又湧現在我腦際……

—「我要學繪畫」；像我的兩位舅父一樣，拿起筆就能揮灑，無論是在紙上，在白粉壁牆上，都能運筆如風：「萬里山河；花鳥蟲魚」就能呈現眼前，繼承我舅父瀟灑飄逸的風範。

一九九八年的一個中午，我信步在臺北中華路上，臺北文藝中心樓上樓下，都在舉行書畫展覽，二樓是抽象派的畫作，三樓是傳統式的國畫。由於抽象畫懂的人不多，我就試著爲旁邊的人解釋，沒有想到主人—閻瑞芝夫人，就跟在我的背後，她拉著我的手說：「你是『行家』，一定精於繪事……」被她這樣一說，直覺地感到：「我闖禍了」，我覺得冒昧與唐突，趕緊向她道歉！她卻進一步，拉著我坐下，並要在旁的親人，拿了三大本畫冊送我。二樓看完，又到三樓看國畫，是一位女畫家呂禮珍女士，她開畫展時已八十高齡了。她也是七十多歲才開始學畫的。

參觀時手裡拿了一張小紙，用鉛筆在描模她畫的一隻母雞，她看見了，問我也喜歡國畫？並隨手慷慨的，送了我一冊她的畫集，我的確非常感動兩位畫家，給了我最深最大的啓示：「她們都是六、七十歲才開始學畫的」！

自文藝中心回來，因一時高興，就將曾經發表過的一首詩，重新修改了一下，就送給世界論壇報發表，並寄贈二份給兩位畫家，以表示祝賀之意。（附原詩如下；）

參觀文藝中心水墨書畫展記

將車陣、人潮、喧囂……和
一縷冬日暖麗的陽光　拋在館外
劈面而來的　是一幅「晨曦」
—朝暾在山　霞光遍地
正猶豫　還驚疑
眼前　復展現一片「暮靄」
—古樹森森　倦鳥歸林
揮一筆綠　是夢寐皆在的江南
潑一盅淡墨　是重見睽違的風雪
正遙想：王維那幅「雪齋」
萬壑深流中　有小舟犁波盪颺
—是柳子厚「寒江釣雪」歸來

當紅、黃、藍、紫……諸色彩
在畫盤、筆觸和心靈交匯後
　您眼前是：
大漠飛沙　天山巍峨
江海洪流　田疇千里
　您心底是：
巉巖疊層　岩岸古今
雲煙風月　千秋暮寒
　您微閉雙目洞開心扉諦聽：
是小橋流水　步履、泉聲淙淙
是莊園茅舍　雞鳴、犬吠聲聲
　啊！還有那：
秦准煙雨　垂柳綽約
北海風情　飛浪千里
——這江山萬里
——這壯色山河
它們啊！既具體又抽象

既眞實又虛幻

然而它們卻不是以　虛幻　象徵實在

更不是以　實在　表現虛幻

您，看畫的人呀！

——莫把虛無、抽象、象徵過去

——不以空虛、渺茫　代表未來

人間萬物　實中有虛　虛中皆有實

這虛、實之間；憑你心靈中的尺啊！

所有的「意象、思維、理念」皆眞

所有的「形象、線條、色彩」皆美

所有的「意境、筆觸、構成」皆善

二〇〇〇年元月十五日寫於蓮花廳

二位夫人，皆係六、七十歲才開始學畫，居然有如此驚人的成就，更激發了，我學畫的決心。參觀後第二天，就到羅斯福路，我們師大分校旁，一家畫廊去報名學畫。

我叩門進去，有十幾位男女，圍著一個中年的老師在作畫，這位老師聽說我是來學畫的，立刻就專爲我，示範了一株「菊花」。但下課後，我到櫃台邊去塡表，但老師的夫人說：「因爲快過年了，不能爲我一個人開班，要等到春節過後，才能來報名，但也要看人數夠不夠……！」

我大概的確是「等不及」了，馬上搭車趕回中華路「文藝中心」，我知道那裡有一個：「中國美術研究中心」，正在招生。這時已是晚上六、七點了，中心三樓擠滿了學畫的人，一爲山水班；一爲花鳥班，我向服務的小姐要了報名表，一口氣報了兩個班，但是小姐說：「你從來沒有畫過，先報一個班試試看再說吧。」於是我選擇了「花鳥班」。其實，我應該選山水班，因爲，我以前上課時，常常橫著粉筆在黑板上畫山水畫，覺得有模有樣，感覺畫山水頗適合我的性格，隨意揮灑，下筆錯了可以修正；而花鳥呢，就不能有這個方便啦；我沒有帶身分證，就隨便塡了我的老祖宗—賀知章的名字，祇是把「知」字，改爲「之」字，我是賀知章三十三代孫，用賀之章的名字去學畫，等於賀知章復活了，多好。作畫時的筆名，就用了「迷花」二字，那是李白送孟浩然的詩：「年少棄軒冕，『迷花』不事君」，這個典故，這也正合了我，一生淡泊名利，不求聞達的個性，學畫沒有多久，我的好友張英俊，還憑他的交情，請了臺大一位精於金石雕刻的校友—正倫先生，幫我刻了一顆「閒章」，—「棄冕迷花」，從此之後，我每畫一幅畫，不論好壞，都在上面蓋上這顆閒章，它爲我的畫增色不少。

我每次作畫，第一張是照著老師的畫稿畫，第二、三張以後，就自己畫自己的了，我的想法是：畫畫嘛？只要好看、生動自然就好。所以不拘謹於老師畫稿構圖爲何？別的同學只畫一張或兩張，我的作業，都是七、八張，甚至釘成厚厚一大本，雖然我知道畫得不好，但老師卻善解人意，總是一面翻，一面微笑，並不斷的說：「迷花—畫得很快樂」，事實的確如此，老師總算摸到初學畫者的心了！

自從參加繪畫班後，我幾乎天天畫畫，上午也畫，下午也畫，有時晚上也畫，由於「畫得快樂」，一恍就一年了，研究中心並頒給我一張，「學畫一年」的證書。後來由於報社工作調整，我負責主編副刊及青青草原專刊，就無法再去學畫了，但是還是在工作一完後，自己就照著畫譜自己畫，半年後，又到南海路，「國立臺灣教育美術研究館」一個花鳥班畫了半年，總共畫了一年半了，我最初說要連續學畫三年，然後「開班授徒」，不收任何費用，凡有興趣的人都可以登記參加，來學畫，但照目前的情形看來，這心願要落空了。只能自己畫，自己欣賞，能擴大到「自娛娛人和自樂樂人」的境界，就心滿意足了。

值得一提的是，論壇報藝文天地版主編吳順宏先生，以「藝壇新銳作品介紹」專欄共十二期，介紹我的作品，的確令人感奮不已也。嗣後江西文獻總編輯蔡桂行先生，也在第一八五期，以半版介紹我的「梅蘭竹菊」四幅畫，一八六期介紹芙蓉花，並稱我爲「大師」，眞受寵若驚；其後板橋郵局十八支局的唐局長，也把我的五棵松樹及一幅菊花和梅花，也裱褙後用鏡框裝好，懸在他們辦公廳的粉牆上；香家餐廳的老闆黃松根先生，因自板橋把店搬到臺北市廣州街，也來索畫六幅裝裱，懸在餐廳裏。他說：「讓顧客一面用餐，一面欣賞畫幅，這樣能使餐廳的氣氛更爲幽雅高尙，顧客就會多起來了。」

他還另外介紹一位味珍香的老闆來，登門要畫，這位老闆說得更窩心：「掛了先生的畫，生意就會更好；聽說先生姓賀，這是一個好姓！『賀禧發財』。」還有送給國際針灸名醫李樂軍醫師的四君子，他輾轉帶回河南鄭州老家去了。聽了這麼多讚美之詞，心裡也難免浮起一份喜悅，告訴自己還要更努力畫。

今當我的一本「浮生一得手記」（共四集）出版之際，出版社的老闆彭正雄先生建議我，在本集的末尾，附錄自己畫的畫幅，以增加書的美觀，我覺得也頗有一番意義，就欣然接納……尙望讀者先生指教。

二〇〇二年歲次壬午元宵節

丹青集

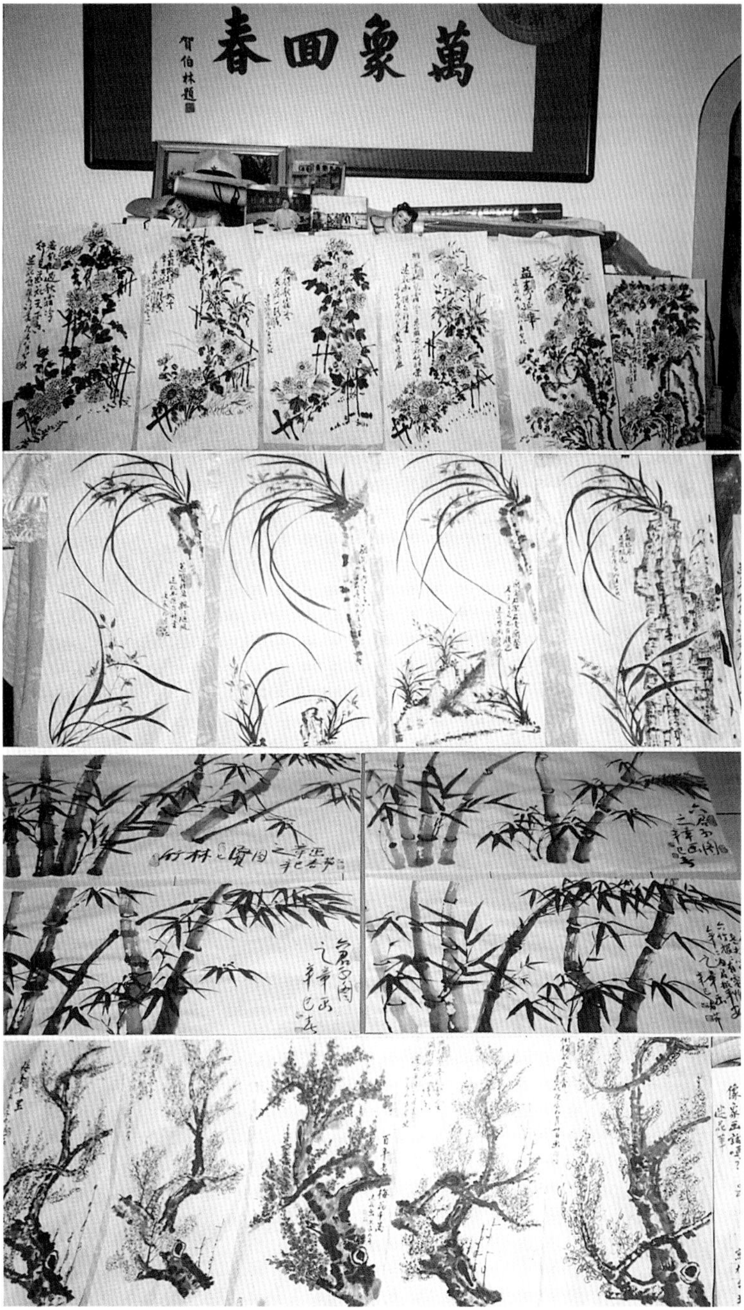

上爲：「萬象回春」四字，爲本書作者賀志堅先生之尊翁賀柏林老先生，生前直接書寫於其家屋之門楣上。一九七八年由外甥王海鵬先生模印後，裱褙裝框，現懸掛於台灣省台北縣板橋市蓮花廳客廳壁上。下四幅爲作者賀志堅先生所畫之四君子——菊蘭竹梅。

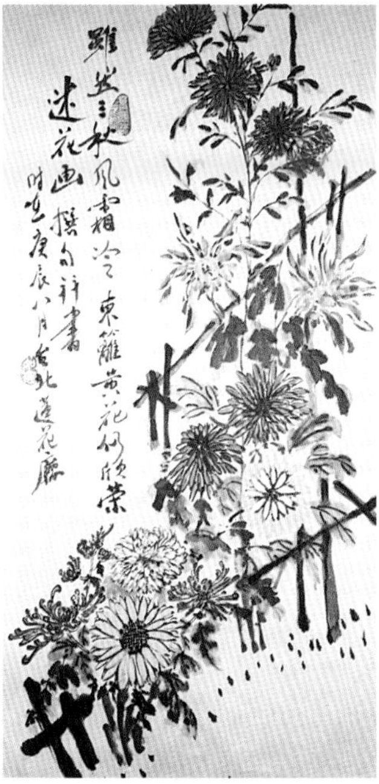

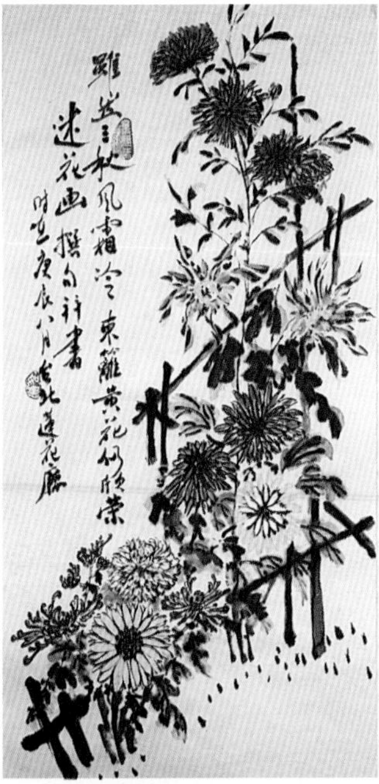

益壽延年

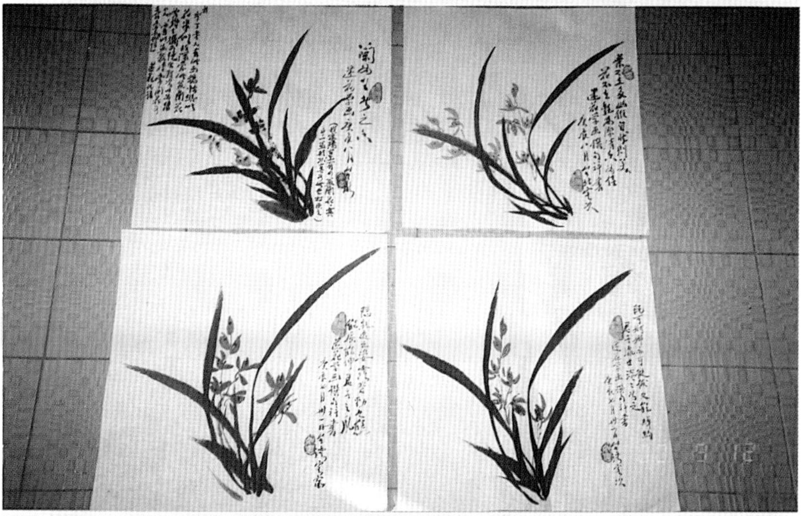

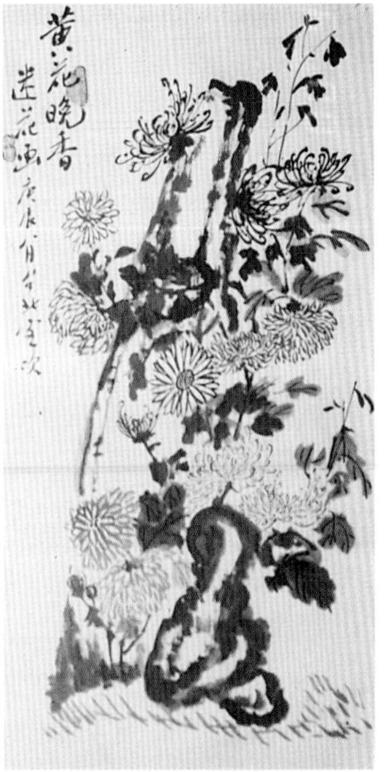

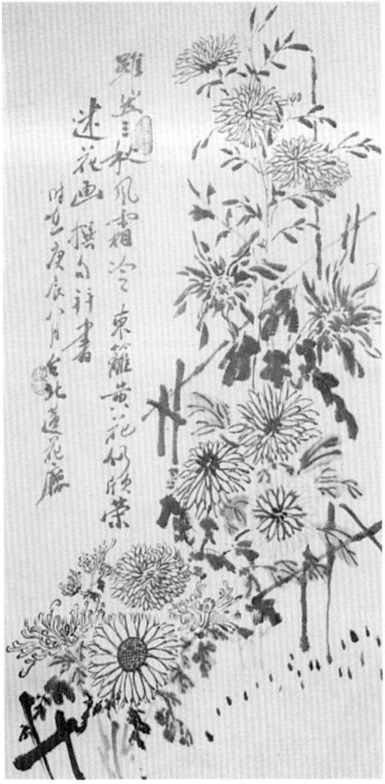

瓜棚小唱
迷花寫

葉綠瓜甜
迷花寫
辛巳秋

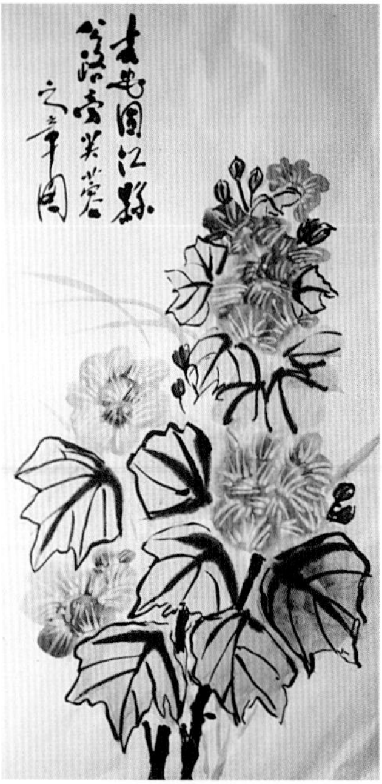

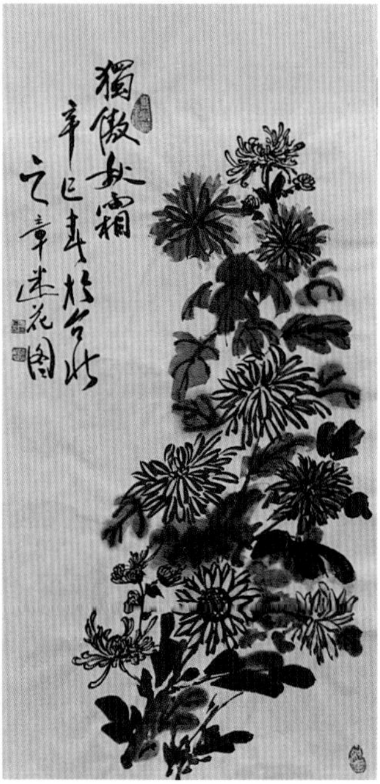

芙蓉花
之章

葡萄美酒夜光杯
古今征戰去復回
迷花寫

年年戰骨埋荒外
空見蒲桃入漢家
唐李頎詩 迷花画
辛巳冬 台北

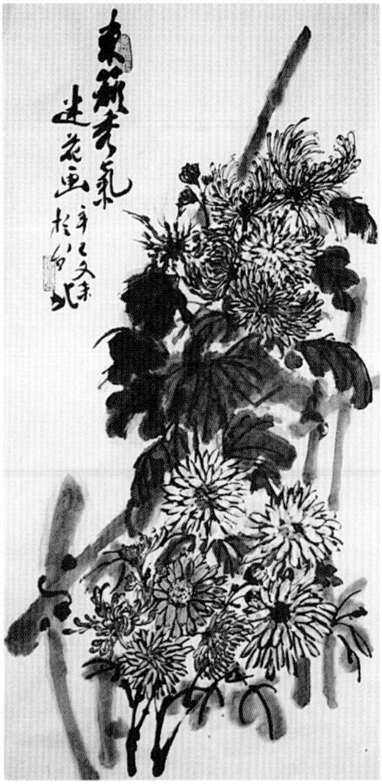
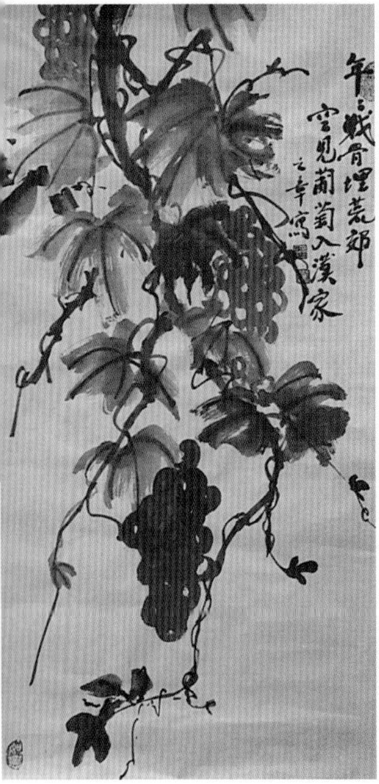

芙蓉花紅映秋江
秋江水流芙蓉紅
之章寫

秋风多雨相和簾外芭蕉三兩窗 夜長人奈何
迷花画

東籬色香

秋风多雨相和簾外芭蕉三兩窗 清照詞
迷花画

窗前種得芭蕉樹陰滿中庭 葉葉心心舒卷有餘情
迷花画

歲首清供
吉羊
如意
酒

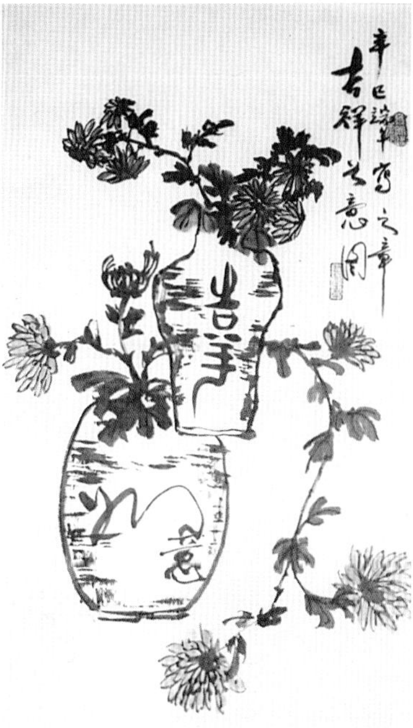
吉羊

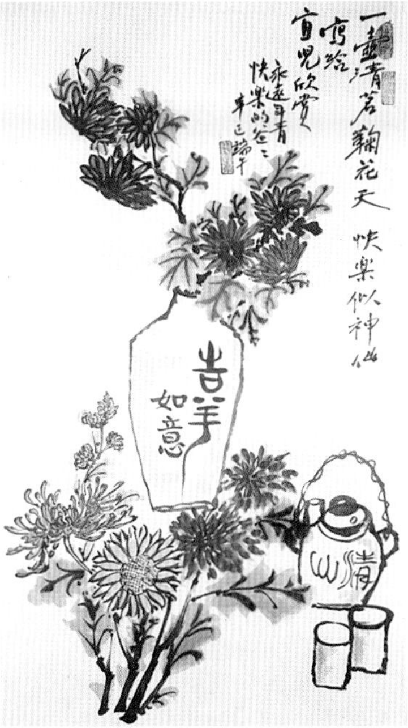
一壺清茗菊花天
快樂似神仙
吉羊
如意
清

吉羊
如意

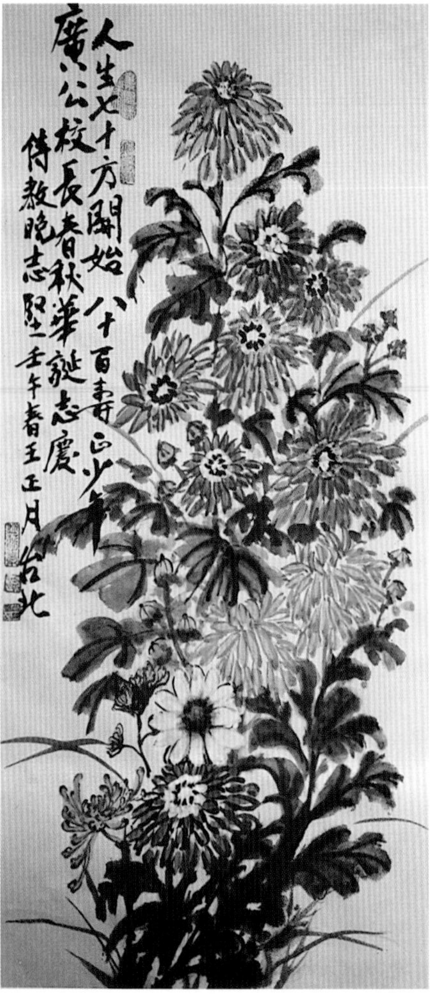

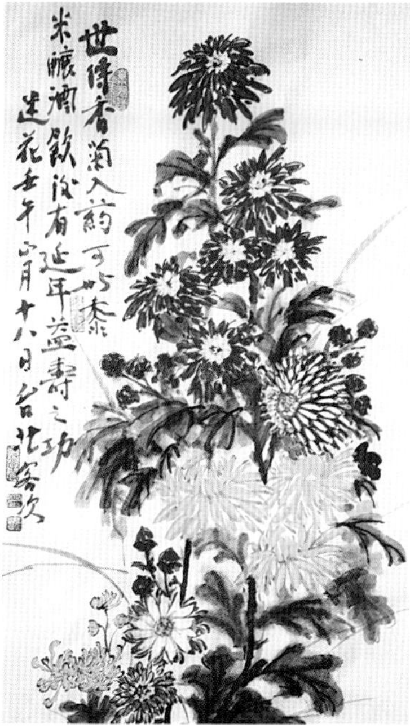

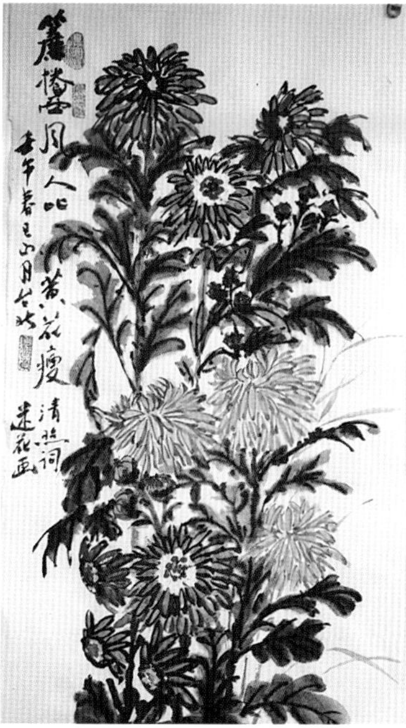

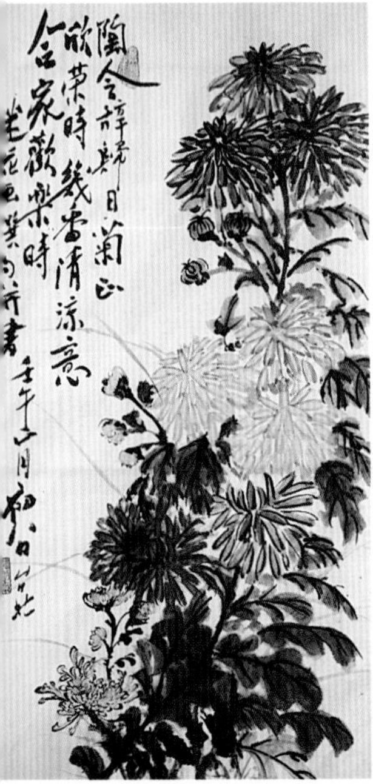

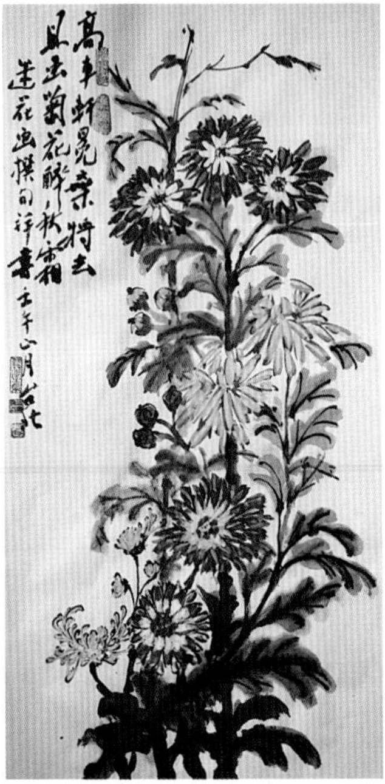

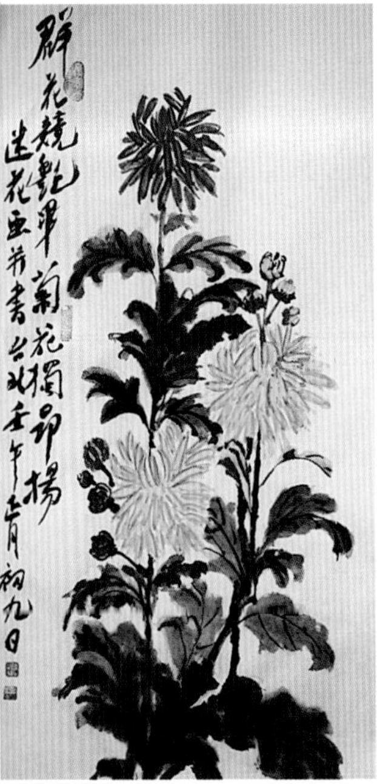

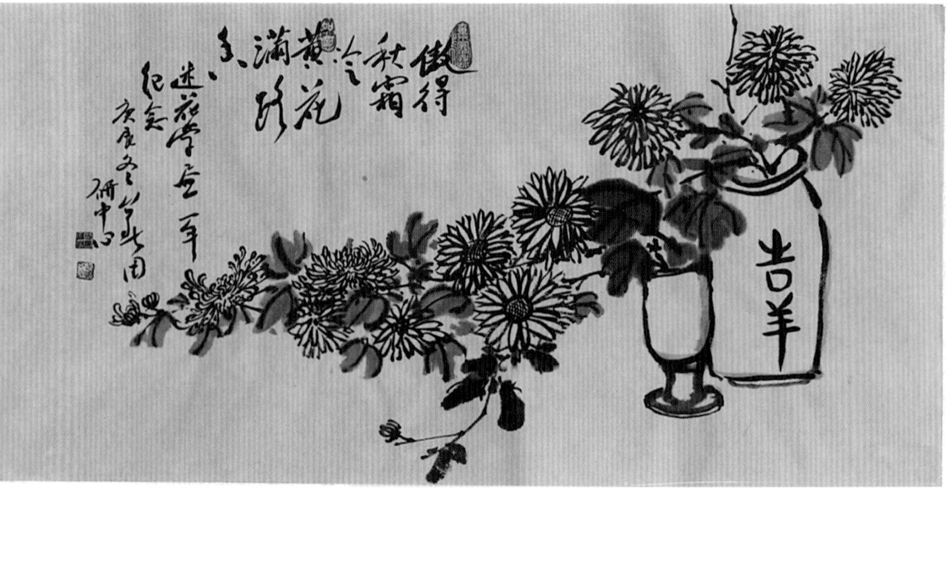
吉羊

夏荷飄香

香遠益清

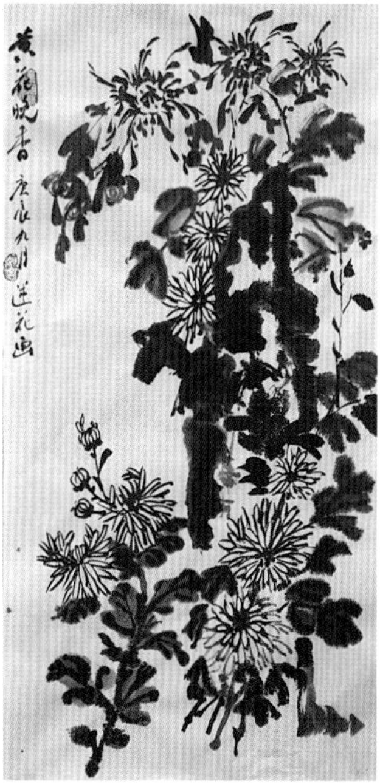
黃花晚香

秋菊凌霜

傲得寒冬風雪冷
滿樹梅花一路香
迷花画撰句并書
庚辰九月台北

經得風霜雨雪
梅花一路飄香
迷花画撰句并書 庚辰九月

梅香千里
迷花画 庚辰九月台北

身居台灣家江南
一樹梅花是故鄉
迷花画撰句并書
庚辰九月台北客次

竹報平安圖

此竹天生賦古性
年年為君報
平安

瞻彼綠竹
猗猗青青

竹報平安圖

竹報平安

竹葉長青 菊花晚香

囑咐鄰人勿砍伐
留汝年年報平安

枯榮並立
拔地頂天

勁竹臨風

梅萼清奇
蘭花馨香

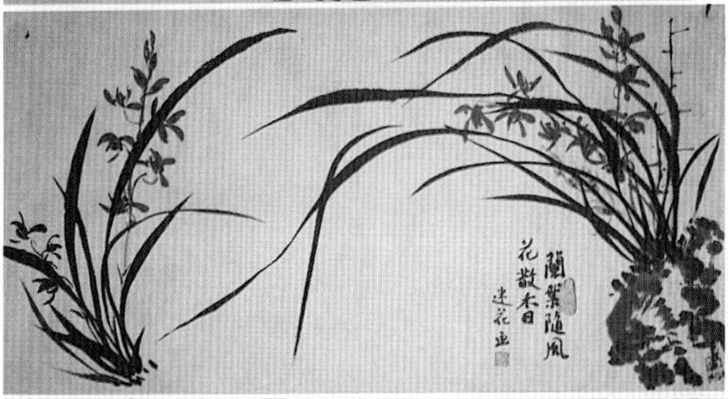
蘭葉隨風
迷花画

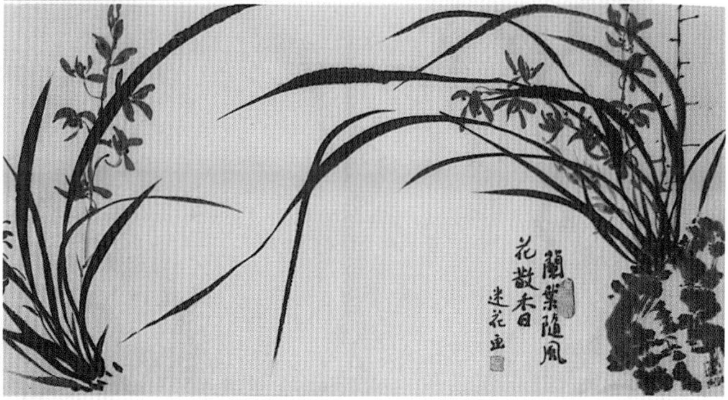
蘭葉隨風
迷花画

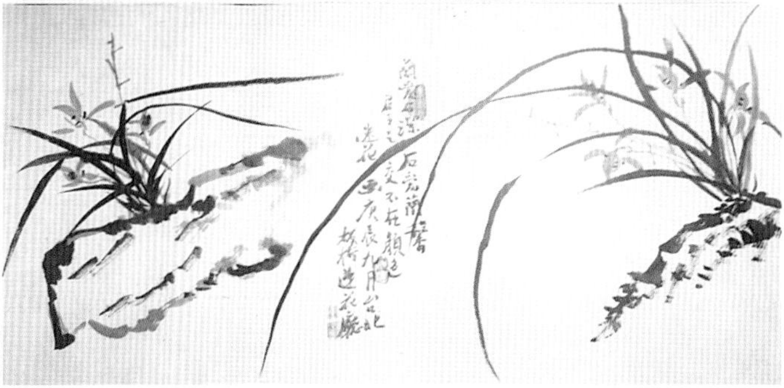

高處臨風
瀟灑飄逸
迷花庚辰九月台北

葉不在多幽雅自然則美
花不在艷高潔清新為佳
迷花學畫撰句并書
庚辰八月台北寓次

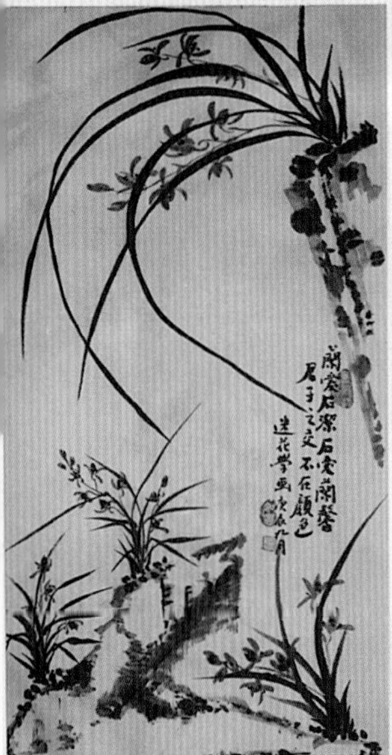
蘭蕙石潔石蕙蘭馨
君子之交不在顏色
迷花學畫庚辰九月

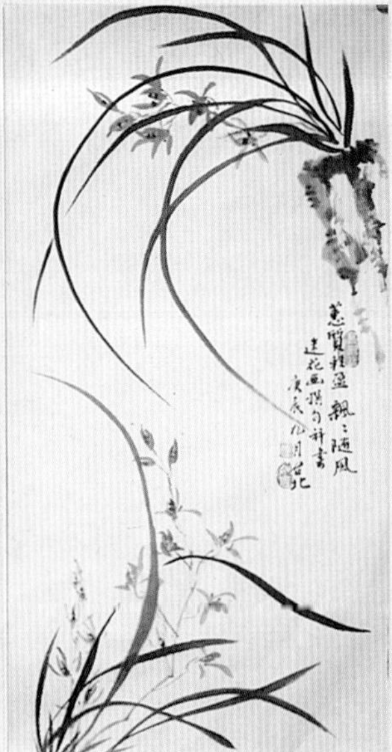
蕙質輕盈 飄飄隨風
迷花畫撰句并書
庚辰九月

蘭蕙石潔 石蕙蘭馨
君子之交 不在顏色
迷花學畫 庚辰八月台北

竹林中
暢叙天倫

松下天倫篇

松鶴遐齡
迷花

松鶴遐齡
迷花画

老幹出新枝
迷花

蒼松白鶴
迷花

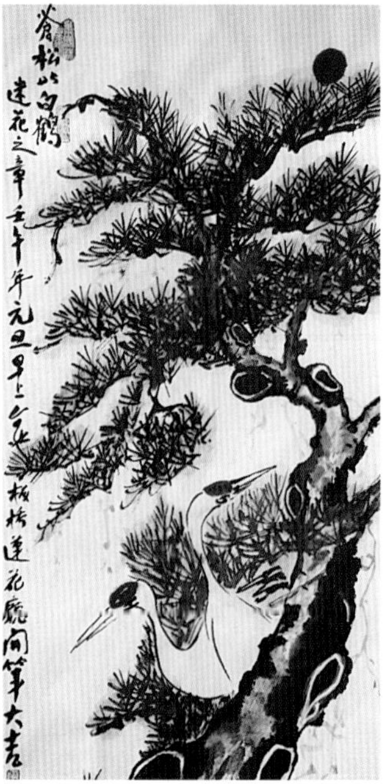
蒼松白鶴
迷花

松鶴圖
迷花画

迷花画

迷花画

人生七十方開始
八十正少年
慶公校長春秋華誕
志堅

黃菊雞邊敘天倫
迷花畫

松柏長青月長圓人長壽
迷花畫并書 壬午五月台北

喜鵲戲松圖
迷花畫 辛巳初冬台北

		（兼批美國政策）	
	詩	轟炸南國是怯懦的行爲	世界詩頁、四川省-雜誌曾評論
	文	我參加三月詩會	世界詩頁
		我的本名和筆名	世界詩頁
	詩	悲秋、喜秋	乾坤詩刊
	文	兩國論後果堪慮	世界論壇報
	文	不談就戰、一戰百了	世界論壇報
2001	圖	四君子四幅	江西文獻185期
	圖	芙蓉花一幅	江西文獻186期
	圖	梅菊二幅	江西文獻186期
	圖	葡萄、絲瓜多幅	論壇報藝文天地
			（自5月18日自5月30）
		名花卉多幅	共12天連載

賀志堅年表

一、歷史背景

傳記：賀姓：原係姜姓、後轉爲慶氏，至漢安帝時（107）因慶純任侍中，爲避安帝父諱、詔以「慶字訓賀」，是賀姓定姓之始也，於今一千八百九十多年矣！

我先祖是唐朝大詩人賀知章，第五代嫡孫賀憑，唐武宗會昌二年壬戌（842），以著作郎出長永新縣令，秩滿當歸，但邑人念其德澤，遮道挽留，賀公憑亦感唐末局勢多難，四方盜賊蜂起，旅途不靖，遂擇良方，這個風景幽美的地方，爲安家落戶之所，而其原籍浙江會稽（今之浙江蕭山）亦隨之改爲江西蓮花了，筆者爲33代裔孫。

我父親柏林公，一生耕田讀書，曾任七保國民學校校長兼教師兼工友，也做過地方基層保長，長於書法，遠鄉近鄰一些祠堂和廟宇，門柱上的匾額，多出自其手筆，至今仍見墨色清新，筆劃粲然者甚多。

我的母親王氏積蔭，雖未曾讀書，但身處書香世家，故對甚多古籍如：三字經、千家詩、昔時賢文及女兒經等民間文學，皆能琅琅上口。我上有兩個姐姐和二位哥哥及一位弟弟，平時跟隨在母親身旁，她就把一些詩詞，當成兒歌來唱誦，所以我們從小就聽會了許多詩歌。

二、出生年籍

A、我生於民國丙寅年農曆九月十六日寅時。

B、居住在江西省吉安府蓮花廳，良方鄉第九都廈布西社九郎祠下。

一歲：我生於農曆九月十六，這一天正是我的兩位舅父受難的日子，所以母親總是在悲喜交集或萬分無奈中渡過。算命的先生告訴我母親：此子命中「二虎攔門，黃花晚香，得貴人意，長命富貴」；一生吃用不愁，我母親信以爲眞，但是，我長大后，卻漂泊一生，受盡苦難……

二歲：原本身體健康肥胖，暱稱「木木」（肥胖之意），但經施種「水痘」（牛痘）疫苗後，體質凸變消瘦，又被叫成：「乾根」（瘦弱之意）。

四歲：外祖父因罪名「善霸」受難而死，祭奠時靈柩三十六人扛抬，路過各村里，都攔棺祭奠，備極哀榮。但兩位舅父卻遭到莫須有的罪名，同日被殺在太深橋下，連屍骨也無人敢去收斂，情景之悲慘令人傷痛。我母親從此由一活潑開朗之少婦，一變而爲整日憂傷抑鬱之人；因突遭家變，原爲八口之家，就只剩下我外祖母——秀瓊奶奶一個孤苦零丁的人了！頓陷無依無靠之境，只有母親和我每天去陪伴著她！

外祖母是一個性格堅強的人，她常摸著我的頭說：『脖子要硬，你要好好地長大成人；你不能「做世界」，你也要「看世界」』。只要她閑著，她就誦三字經、昔時賢文給我聽，連女兒經也要我跟著背。那句：「有酒友肉皆兄弟，急難何曾見一人？」說得最多。

五歲：父親柏林公，正式爲我點讀四書及幼學瓊林…….

六歲：開蒙，讀「上大人，孔夫子；化三千，七十士；皆好仁，知書禮；爾小生，勿自已」…雖然這些東西我老早就會了，但父親仍要我遵守古禮，跟著他在「紅燭高燒，香煙繚繞」的列祖列宗神前，高聲朗誦。天亮後父親及家人，帶了許多糖?到達皇公祠——七保國民學校，學校門口懸掛的卻是－「蓮花縣清塘區良方鄉廈布村蘇維埃列寧初級小學校」。我大爲不解。一間大教室內，學生有五、六十人，我

聽到有人讀：「來、來、來讀書，新書裡，有圖有字，看看圖，看看字……」，也有人在讀：「小白兔乖乖，小白兔乖乖，請你把門開開……」

我自己讀的是：「國旗飄，青天高，青天白日滿地紅光照；國旗揚，青天長……」足足有兩三百字，我估計是四、五年級的課本了。擔任教師的有三位：是賀綏邦、賀迎賓、賀進藻。

七歲：母親因病逝世，得年三十七歲，全家哀痛逾恆，父親更悲傷，更難忘是我的秋蔭姨母，她進門沒有到母親靈前，就雙足跪在我伯母面前，哀求她今後要照顧她姊姊，留下的五個孩子（炳安已夭亡），感人至深至切。我每次想起就禁不住眼淚直流。從此，大姊森娥，就代替了母親，服侍父親，照顧弟妹，終至忘了自己，一生沒有嫁人；也是我流亡海外數十年，日夜不能釋懷也。她為了我們五個人，自己幸福都不顧了。

九歲：二姐甲娥由父親送至外婆家，跟大表兄甲榜（芹香舅父之子）成親，由於家貧沒有任何一件嫁妝，只有父親挑著一隻木箱，盛了二姐平常在家穿洗的衣物，沒有像一般人嫁女收親一樣，抬著花轎，吹吹打打的場面；一路只有父女二人，一前一後，默默的從前們出去，繞著大祠前，過黃鰍灘，經檀仔前至外婆家；沒有擺酒席，也沒有一位賀客，進門把一口木箱放下，父親牽著表哥和二姐的手，祝福了幾聲，就算是結婚成親了！這是兩個破落家庭的婚姻，昔日的榮耀，今天的落寞，誰能料及，能不惋嘆與唏噓！

十歲：父親把我送到樟家恕親先生那裡，讀完了詩經、鑑略妥句、綱鑑還有左傳的一部份。恕親先生已經發現我天資聰穎，對點讀的古籍，幾至過目成誦，賀綏邦（吉輝魔器），為了爭著要我去他的私館讀書，竟跟父親和恕親師，起了正面衝突，吉輝還在我們五家祠，設詞構陷我父親，並不准我參加祭祀大典，我也當面對著吉輝說：「我

讀書不是爲了祭祠堂…」

我看小說是十歲時開始的，我聽人說鄰居蘭桂家，有很多閑書，就冒昧地登門借書，他給了我一本「薛仁貴征東」，我如獲至寶，就翻開來看，從他家到我家很近，我故意不從前門進去，繞了一個彎，但到我家後門時，小說眞的就看完了。我想：借來的小說看完了，還抱回去家裡做什麼？於是就回去，想再向他借另外一本看，但他二話不說，就把書搶回去：「借了書不看，有什麼用」！我告訴他：我看完了，他更生氣，就把書扔在桌子上—「回去吧」！我說：「你別生氣，我背給你聽…『家住逍遙一點紅，飄飄四下又無?，三歲孩兒千兩價，保主跨海去征東』」。并簡單介紹了書中的人物：徐茂公、尉遲公及張士貴等人的作爲，他才相信了，并同意我就坐在他房裡，把「薛丁山征西」看完後，又借我一本「西廂記」。西廂記算是文言文，我知道他讀書不多，還對「風移花影動，疑是玉人來」…等美好的詞句描述給他聽。而「西廂記」也是用一個傍晚，放牛吃草的時候，就看完了。借了許多次，覺得不好意思；記起了自己家裡的閣樓上，也有許多書，爬上去隨手抽出一本；是「三國演義」，才知道父親常常和村裡的人——談天說古的資料，就是來自這些書上；父親知道我在看「三國演義」，他問我有什麼發現沒有？我告訴他：古人寫信的稱呼，跟今人不同，且看諸葛亮給周瑜的信「漢軍師中郎將諸葛亮，致書於東吳大都督公瑾先生麾下」，我把信也唸給他，他才驚異的問我：「你看小說，也可以背誦嗎？」到這裡他似乎也相信人家說我：「頗有天分」是眞的了。

十一歲：入「江西特種、巡迴教育」——中山民衆補習學校就讀。良方鄉王家大祠，來了一批外來的教師，開辦了一所學校，標榜的宗旨爲：「管、教、養、衛」、、我即刻放棄了樟家恕親私塾，報名入校補習小學五六級的功課，一年後獲得一張半眞半假的畢業文憑，先

以賀文安的名字投考行健中學；後又以賀志堅的名字，報考蓮花中學，兩校都錄取在新生榜單上十名以內，行健爲私立的；蓮中爲公立的，費用較爲便宜，就捨行健而就蓮花中學。其實讀行健，還要早一學期，因是春季班。

十二歲：讀蓮花中學，我數學、物理、化學都很喜歡，尤其國文我幾乎不用唸了，賀肇基老師幾乎天天讚美，因爲我的四書背得滾瓜爛熟，從古文觀止上選的文章，我也琅琅上口，只有英文沒有老師，到二年級才開始由校長朱剛夫自己下場，好像連發音也沒有教。

十四歲：這一年的五月我寫第一首詩，貼在我家的前庭大門上。江西人在端午節，要在門柱上，貼一張巴掌大的紅紙，有的是印好的經文；有的是用手寫的詩句：「端陽端陽，我家吉祥；獅子把門，麒麟坐堂」。或是：「端陽端陽節，我家吉祥發；獅子把門守，麒麟坐堂前」。千篇一律年年如此；那一年我不經父親同意與否，我在端午節的早上，就將一首用紅紙寫好的詩，貼在門柱上：詩曰：「五月五日是端陽，艾葉菖蒲如刀槍，多飲幾杯雄黃酒，奔赴前線打日本」。我不知道通不通，但父親沒有反對。

第二篇文章是和黃峻國合寫的，「黃是陳烈的同班」，題目是：「扶園中學近貌」，投到吉安民治前方日報，被編輯把題目改爲：「扶園中學面面觀」，筆名爲「堅國」，是賀志堅和黃峻國，兩個名字的最末一字，黃峻國廣東石歧人，筆名「山或」，是用峻字的偏傍，國字的內面；後來聽說他是北平光明日報的記者，但開放探親曾查訪多次，都沒有下落，而陳烈兄是早就去世了！

十五歲：初中畢業直升高中一年級，由於蓮花地方實在太小，人才缺乏，辦了高中找不到教師，於是從開學起，幾乎天天有人吵鬧，上課幾乎停止，我就回到良方中心小學兼教三四年級的算術，等我回去上課，就快放假了。

這年又寫了一篇大文章：「開人?」；所謂「大文章」是指年齡而言；也是在吉安民治日報發表的：大意是：「偌大一個中國，物產豐富，人口衆多，歷史悠久、、爲何如此落後，如此貧窮，如此紛亂，推其原因，實乃人謀不臧，因此，我要來「開人?」，不挖黃金、白銀、不要鑽石、珠寶、、我要挖出世界上第一流人才，來治理這個國家」……

十六歲：我大哥奎安抽中兵役籤，要入伍當兵，我知道我家很窮，要讀完高中，是不可能的，於是我就決定輟學從軍，從蓮花吉安，直奔當時的首都南京。入空軍防空學校高射砲訓練營地習砲兵（即官校21期）。從此，走遍了隴海、浙贛；橫渡了黃河、長江，進出過太平洋…展開了無盡無休的——既戰？又漂泊的一生。

十九歲：初任砲兵少尉，父親來信說：「做官難，做好官更難；做人難，做仁人尤難」。重將舊作「開人?」整理在重慶和南京發表，引起有關人士關注，名噪一時，后兼任五四周刊總編輯。

二十歲：新聞室主任戴天民先生，介紹我去見中央訓練團主任鄧文儀，請准入「新聞班」受訓，但該班已開訓三月餘未果，當即允准入「黨政班」，我婉拒，我已是「黨員」，但我不喜歡國民黨，我官卑職小當時不敢講：我內心厭惡——「反共抗俄」。因爲，我曾聽過一位大官來營地演講，居然提出：「反共抗俄」的理論，心理上更覺不以爲然，因爲我入伍教育時，手握的步槍是俄國的；分科教育后，操的75M大砲也是俄國的…我也知道，抗戰初期，俄國人幫助我們，而美國人還以物資幫助日本呢？！

二十一歲：時局已經很糟很亂了，可以說人心惶惶不安極了，同學藍俊元一天深夜自杭州來，約我去杭州，因蔡教官在那裡任營長…談了一夜，（話中隱約暗示，似已和ㄨ方面接觸），最後他黯然的說：如果不能同去，則今生相見無日了！第二天他失望地一個人返回杭州，

不久我們從南京移駐江彎——「乘桴浮海」在江面漂流了一個多星期，才進入福建、林森、馬尾…海面；又繼續漂浮了多日，然後登岸進駐福州，我曾起意「回家」，但戴天民先生（來台退役後任中興大學教授）知道了，把我關在辦公室，等車赴南台上船一起到了台灣。

二十二歲：奉調陸軍砲兵部隊，移防——小金門、大金門、瓊林、榜林、羅厝、山外等地。寫「古寧頭觀戰記」一文，調任戰地隨軍記者。（因此斷送了「錦繡前程」），主編金門報、嵩山報、復興報、崑崙報。「觀戰記」一文，讓台灣新聞界「大抄特抄」并「加油添醋」，只有「戰友週報」署了我的名字，而且保留我的原文。平平靜靜地「觀戰」。很久後，由王志仁將軍轉交給政治部第二科科長周昭星，軍報社社長遲琛兄「革命軍人日記」一冊，係蔣經國親筆題贈：「志堅同志：筆掃千軍」蔣經國簽了名蓋了章。蔣經國是當時的國防部政治部主任，同僚皆引爲殊榮，我卻悄悄地把——蔣經國簽名的一頁撕掉了，第三次有人爲我貼上標籤。

二十三歲：任軍報社總編，兼新中國出版社特約記者，國防部軍事新聞通訊社通訊記者。

二十四歲：因病返台就醫，任國防部部屬員。臨行金門防衛司令官胡璉將軍概送銀元48元，並由金門收支專組，電十二兵團台北辦事處王敏將軍如數支付。此款在當時算是「天文大數目」也，而我只是區區一上尉而已，故龐景隆將軍在一篇文章中寫道：「有此殊遇，固然是司令官愛護部屬之殷，但亦見志堅平時的文章感人至深，而使官長興起了愛惜青年才俊的情懷，有以致也…」

二十七歲：任高雄要塞戰砲官；復入陸軍砲兵學校，學習155M加農砲，獲野戰砲兵指揮官專長。校長譚鵬中將命寫：「學習教育心得」，交待教務處留校任職，但畢業後我自行逕返部隊。

二十八歲：調基隆要塞楊寮台，未幾調司令部任參謀。因曾上書

國防部兪大維部長「討論國民革命軍興革問題」；適於此時，派秦中將率少將二人上校二人中校二人，組成一「賀志堅訪問調查七人小組」，到基隆要塞司令部訪問調查了一整天之后，秦中將單獨的跟我說：「孩子你是優秀的」，聽我的話：『退役』！他拉著我的手：低聲的說『他們不要你的！』我流著淚：「我犯罪了嗎」？他沉吟了很久…他說：「是的——你國家、民族觀念過分強烈」！我哭著告訴中將：「愛國也有罪嗎」？他輕撫我的手：「你優秀又聰明，你懂的，我衹能講到這裡」，說著他又從右上口袋裡，掏出一張紙條來，他說：「行前兪先生給了我兩個手諭」，一張是給我秦中將組長；一張是給我秦某人…你一定能體會他的用心…一星期不到，國防部的「退伍令」就下來了！結束了15年的軍人生活。（聽說晉升少校令已發布而註銷）。軍需人員送來了，全新的蚊帳、軍毯、棉被及五千元路費，我將上列軍品，整整齊齊，疊折在我的床舖上。傍晚我一人穿著便服，走出營門，并恭恭敬敬地面向營門深深的鞠了一躬，兩個衛兵立正舉槍，向我敬禮…內心正如：辛棄疾在「鷓鴣天」一 詞內說的：

「壯歲旌旗擁萬夫，錦襜突騎渡江初；
燕兵夜捉銀胡䩮，漢箭朝飛金僕姑。
追往事，嘆今吾；春風不染白髭鬚。
卻將萬字平戎策，換得東家種樹書！」

辛棄疾南宋人，眞巧他還做過我們江西安撫使呢！他在八九百年前，不也抱著滿腔熱忱，向朝廷提了「平戎策」嗎？皇帝卻要他去「種樹」；八九百年後，我也向政府提出「改革計畫」，政府就給你一紙「退伍令！告訴你：「少管閑事」！那不是和杜甫說的：「悵望千秋一洒淚，蕭條異代不同時」嗎？眞是古今一例。

學劍未成再學詩，只好又去省立台北師範學院學童訓；畢業後分發宜蘭頭城中學宜蘭分校，後獨立爲宜蘭初級中學。未幾，教育廳通

知核定爲：合格高中國文教師。（這裡我要說明我這個人的胡塗，該合格證書，在我一只手提箱內，沉睡了近四十年之後，昨（3.28）日才發現，這張編號爲「教中字第一七五四六號證明」。而我已經從學校退休25年以上了！望證懷想，不勝唏噓！）

二十九歲：這年10月亡妻于長玲（肄業台北一女高三）來找；說我是他父親的學生，希望幫忙她，到縣府餐廳搭伙；一見如故成了朋友，未料其母激烈反對，并專程來宜蘭；劈頭就說：「我的女兒缺點太多…」我說：「我愛她的優點，同時也愛她的缺點」。她沒有想到，我回答得如此敏捷，她一改嚴肅冷噤的臉孔；「那好」…並長長嘆了一口氣：「既然如此你們結婚吧！」，我的朋友胡紹庭，在一旁讚揚，這是名言。多少年了！想起這句話，內心就有無限的愧疚，因爲我沒有做到，眞有；「地下若逢陳後主，豈宜重問後庭花」之慨！

三十七歲：因感於一些校長們，三天兩頭，就去縣府、省府召開「校長聯席會議」常常決定對學校教師剝奪權利與義務的問題，心有所悟，我也想起來組織教師代表聯席會議，但計畫才擬定，就有督學深夜叩門而入要我停止，第二天肇苐叔也叫我去訓了一頓，「官命親情」難違，聯席會就胎死腹中，可見當時控制之嚴，今（三月二十八）日見報，台灣教師可以組織：「教師工會」了，與我當時的聯席會，相隔已經四十多年了！所以我的思想是比他們進步多了！

四十歲：原擬從宜蘭調台北板橋，但因作業耽誤，改暫調瑞芳中學。原任青年戰士報宜蘭縣記者仍兼原職。

四十二歲：自瑞芳中學調台北板橋，兼自立晚報駐新莊記者，因理念不合求去。兼中華日報記者被排斥，（該報爲政工系統把持）主動請辭。是年重入師範大學國文系補修學分。

四十六歲：改兼中央日報駐在：板橋、土城、新莊、鶯歌、三峽記者，亦因報社同仁說我「搶飯碗」自行求去。三度進入師大，研讀

「史記」。

四十七歲：應好友吳清全兄之請，至新學友擔任編輯工作。吳兄交代編一套教學補充教材，原已進行了幾次會議，參加的人員，均爲國中、國小的教師，等我參加會議后，他們都不來開會了，清全兄不知其中道理，我卻明白於心，原來各參加的老師，交來的資料——「怎樣寫作文」；「寫作應注意事項」；「抒情文、應用文、敘事文，論說文的寫法」，以及「文章體裁的運用」… 等，都是我在「中國語文月刊」及「國語日報、中華日報」等刊或「教學與寫作」等刊，發表過的文章，內容及標題，幾乎完全一樣，所以開了一次會，他們就都不參加了，這怎麼好意思呢！原作者賀志堅先生，不就在你面前嗎？如何討論？這的確是一個大笑話。後來知道：連我二、三十前寫的「花鳥虫魚」一些新詩，也被人抄襲，文藝界人士，有很多是不夠看的！

四十八歲：板橋國民中學，全校九十多名教師，聯名控告曾姓校長瀆職、貪污，但政府千方百計掩護，并點名我與另六位老師爲主謀，而且說控訴的主文乃我執筆者，其實是冤枉的，我連邊鼓都沒有敲一下，但事情鬧得忒大了，有人告訴我：連中共人民廣播電台也播報了，認爲這是國民黨政府有意「迫害」。我有一位督學朋友，通知我調海山中學任教，卻被我婉謝了！我申請退休獲准，因此第二次成爲，「閑雲野鶴」式的人了！

四十九歲：應邀至經緯文化圖書公司擔任總編審，爲該公司出版細說台灣、台灣風光、台灣遊旅觀光寶典以及東南西北四部遊記，爲該公司轉虧爲贏奠定了基礎。還有一部台灣風景、名勝、古跡、文物總整理分上下兩冊，上冊已經印刷完畢，下冊亦完稿將要上架，但該公司人事不和，而中途擱置未出版，實在可惜。其實並不是沒有出版，而是印好的書本，被其中一位經理吞了。

結束經緯工作後，趁晚間空暇，到文化大學新聞研究所，研究大衆傳播兩年。

五十一歲：應育達高職擔任國文教師，并在該校育達週刊，開闢每週一篇「學生佳作賞析」專欄，頗受同學歡迎，後并匯集成——「寫作入門」及「作文要領」二書由泉源書局出版。

五十六歲：由台北學海出版的「山川田園集」中央圖書館，以圖、交字484號函稱：「美國國會圖書館，來函索取 台端所著之『山川田園集』。因本館已無存餘，擬請惠賜3份，以便轉贈。事關國際文化交流，請查照。」能得美國人欣賞也頗自豪。

開放後去大陸探親或參加各種會議，達九次之多，其中曾奉派採訪：中國共產黨第十四次全國代表大會新聞。最難忘的是去「黃陵祭祖」，流落海外數十年，能一親黃陵，能誠心誠意，向黃陵上一柱香，心中的歡悅無以言表，當晚在長城賓館，賦了一首律詩，在西安晚報90年2月28日發表：

我來西安謁黃陵，不爲祿位不爲名；

一柱馨香繞千樹，魂牽夢迴爲尋根。

聖陵古柏翠森林，銜哀隱淚陳心願；

江山一統隆國祚，民康物阜望河清。

六十歲：寫「返鄉手記」在自由時報、台灣時報、世界論壇報及青年月刊社發表，自由時報連載三天；台灣時報連載三個月，并附圖片說明，頗得讀者歡迎，世界論壇報更是長達半年之久。

六十五歲：我因爲寫了一篇：評論中國代表權問題及對立法委員選舉的三篇讀者投書，國民黨中央黨部，特別注意，指派當時的組工會主任ㄨ先生，電話邀往談話，說是高層特別欣賞，說我頗爲「優秀」；我立刻起身告辭，ㄨ問何意？我說：我優秀了幾十年，不是今天和昨天才優秀的！他非常詫異甚至驚訝！他說：黨內有許多文化事業，你

可以幹的；我告訴他，我年青時不給我機會，如今，年已老了做不動了，卻來?哭秏子啦…兩人（其實是三人）相互凝視良久，然后相互起立，他說以後多聯繫。我從35年5月或是36年5月，加入國民黨五、六十年，就是此刻感覺出既生疏又熟悉，既溫馨亦苦澀的滋味。其實這不是黨的錯，是中國人不良傳統的處事法則；當一個人，在奮鬥衝刺的時候，需要關注幫助時卻沒有人去管它，等到他倒下去了，沒有救了，卻又十分憐惜地去關切、攙扶、拉拔……這的確是諷刺。

六十五歲以後：專業寫作。

※出版有：寫作辭典、橋與路、唐詩選讀、中外名著評介、月露風雲散文集、白雲陽春新詩集，金石語文評論集、梓里情深旅遊集、丹青集（國畫）等……

※從小就喜歡蒔花和養小鳥，退休後，將整個陽台裝上尼龍網，買了許多小鳥放養其中，鳥巢掛在牆上，或小樹上，讓牠們自由自在地飛鳴，增加了許多生活樂趣。

※開始學畫國畫，一年半以來，積聚畫稿已達100多幅，其中板橋郵局裝裱八幅，懸掛在辦公大廳，國際針炙診所四幅，香家餐廳及味珍香餐廳各六幅，江西文獻月刊介紹四君子四幅，論壇報連載12天，頗爲感動。準備學畫三年后，即免費開班授徒，以示回饋社會。

※原準備撰寫的「驀然回首50年」，深覺“ 50 ”數字不妥，現已改爲：「驀然回首100年」，原已寫好的部分，現亦計劃從新重寫；退休後，時間很多，我準備再等幾年領著孫子們去讀英文，希望達到將自己的作品翻譯出來，就心滿意足了，最後希望這個「個人年表」是上編；下編在另一個50年之後再寫。

二〇〇二年三月十九日　長女皓宜生日手寫

賀志堅作品存目年表

1946	扶園中學面面觀		前方日報
	開人礦		民治日報
1948	論著	殘碎記實	五四週刊（日記連載）
	文	千里遙寄	民治日報
	詩	白鴿	民治日報
1950	文	羅厝港風景線	正氣中華
	詩	往事	正氣中華
1953	小說	一個游擊隊的故事	工商日報
	詩	歸帆	工商日報
	詩	航海者之歌	工商日報
1955	詩	晨曦	軍中文藝
	詩	愛河之燈	金湯報
	論著	要塞與國防	金湯報
1956	詩	愛蘭小簡一一十二	新生報副刊等
	文	林園風光	新生報副刊
1957	論著	上俞大維書	國防部
	小說	鐵馬紅粉	聯合版（連載）
1958	報告	軍校教育心得總報告	校長
	詩	農大	創世紀詩刊、小說創作月刊
	詩	元旦隨筆	東方日報

	詩	海濱遠眺	民衆日報
	小說	玉玲	聯合版（連載）
	詩	兩封信	民衆日報
	詩	女車掌	大道半月刊
	詩	小榕樹	聯合版日報
	詩	神女	聯合版日報
	詩	三種人	聯合版日報
	詩	大風這孩子	聯合版日報
	詩	藍色的牽牛花	大道半月刊
1958	詩	生命	東方日報
	詩	路	東方日報
	詩	詩二首	民衆日報
	文	初執教鞭時	中國語文台灣教育輔導月刊
	文	中小學教育育面面觀	教育月刊
	詩	八月的抒情	聯合報
	文	王老師的歷史課	聯合報副刊
1958	詩	鴿子	民衆日報
	小說	杜鵑花	大道半月刊
	文	春假旅行記（作文批改示範）	中國語文。中學生月刊
	文	怎樣作文	中國語文
	文	試解「不食嗟來食」文法	中國語文
	文	門診	徵信新聞報
	詩	歷史的呼喚	30餘年後，在世界論壇報發表 聊天新誌轉
1962	文	吾愛吾徒	師友月刊
	文	我是怎樣教語體文	中國語文月刊
1963	小說	小鎮回春	中央電影製片廠暨新生報
1969	文	風雨萬里憶故園上下	江西文獻
	文	燕子回來了	青年戰士報

1970	文	竹林（外二章）	青年戰士報
	文	官員在外兼課說起	自立晚報政大五二六三二號
	文	賭之害	新生日報副刊
	文	春	小說創作
	文	相思林	青年戰士報
		南行散記	青年戰士報
1971	文	橋以外	青年戰士報
	論述	泛論國民義務教育改進問題	原刊自立晚報輿論專欄 教與學月刊轉載 中央圖書館編號一三七五號 政治大學資料編號五二六八九二號
	評議	也談公務員服裝問題	自立晚報
	文	秋夜四賦	新生報副刊
1971	論著	我們應有的想法、看法和作法	自立晚報輿論專欄 中央圖書館編號存館
1972	評議	糾正考試領教學的現象	中華日報教學與出版 中央圖書館編號一三三五號 政治大學資料編號五二七一二號
	論著	論學生國文程度低落的原因與補救的方法	大學雜誌中央圖書館存目
	論著	作文技巧訓練（作文技巧教學觀摩）	中國語文月刊中華日報
1973	文	風雨瑞芳	中央日報
	文	三百六十行之外	中國時報
1974	文	鄉野春光	青年戰士報
	文	在瑞芳山中	中央日報
1974	文	虔誠	中央日報
	文	送友人上梨山	中央日報

	論評	請禁止中小學參考書出版	中央圖書館編號一三二四號
	論評	我對冒貸案的看法	自立晚報
	文	鄉居的懷念	青年戰士報
	文	山中的茅亭	中央日報
	文	失犬記	新文藝月刊
1975	文	先祖父暨外祖父事略	江西文獻
	論著	花蓮良方賀氏淵源考	江西文獻
	評論	解開學校安定的「死結」	自立晚報
	評論	國中教師甄選與教育風氣	政大資料編號五二五四號
	評論	我對聯考複查計績的看法	自立晚報
	文	鄉村之歌	中央日報
	文	山城的雨	籃帶月刊
	文	炊?	中央日報
	文	寫給喬喬	大華晚報
1976	文	平溪行	青年戰士報
	文	童年日記	中央日報
	文	鐵耙的想記	新文藝副刊
	論著	吉安府蓮花廳簡誌	江西文藝
	文	放風筝	青年戰士報
	文	河山春曉	青年戰士報
1976	論文	作文教學方法的實驗	中央圖書館編號存館 師大論文索引第三輯
1976	小說	深山裡的人和事	青年戰士報
	文	火燒零	新文藝
	文	炊煙	中央日報
	小說	小星子的希望	青副
	文	蛇子形這條路	青年戰士報
1977	文	閒談春節	新文藝
	詩	小草之一	葡萄園詩刊
	詩	蝸牛的話	葡萄園詩刊
	詩	蝦子和魚	葡萄園詩刊
	詩	鳥之際遇	葡萄園詩刊

	文	我看洪通的畫	雄獅美術月刊、橋月刊
	文	閒話春節	新文藝
1978	文	溪頭之旅	中央日報
	文	北宜紀行	青年戰士報
	文	秋語	新文藝
1978	評論	有關中學教師暑期進修問題	自立晚報
	論著	詩以清新、明朗爲好	青戰副刊、葡萄園詩刊
	詩	春郊	詩潮三期
	詩	螃蟹與烏龜	葡萄園詩刊
	詩	傳統的突破	葡萄園詩刊
	詩	吉祥鳥	葡萄園詩刊
	詩	牽牛花二之一	大道半月刊
	詩	宇宙悠悠	葡萄園詩刊
	詩	蜘蛛	葡萄園詩刊
	詩	春蠶	中央日報副刊
	詩	鏡子	青年世紀月刊
	詩	燈娥	青年世紀月刊、葡萄園詩刊
	詩	草之二	葡萄園詩刊
	詩	贛江千里	江西文獻月刊、葡萄園詩刊
	詩	思故鄉	江西文獻月刊、葡萄園詩刊
1979	詩	木棉樹	農業月刊、葡萄園詩刊
	詩	阿土伯燒香記	葡萄園詩刊
	詩	荷花吟	葡萄園詩刊
	詩	罌栗花	葡萄園詩刊
1979	詩	籃賽	育達週刊、葡萄園詩刊
	詩	釣魚台	中央日報副刊
	詩	花之茫然	葡萄園詩刊
	詩	山海篇	葡萄園詩刊
	文	怎樣寫作	中國語文月刊
	文	文章體裁的運用	育達週刊
	㈠論說文的作法		育達週刊

		㈡抒情文的作法	育達週刊
		㈢記敘文的作法	育達週刊
		㈣應用文文的作法	育達週刊
	文	如何描寫及意義（系列淺談）	育達週刊
		㈠四季的描寫	育達週刊
		㈡花卉樹木的描寫	育達週刊
		㈢飛禽走獸的描寫	育達週刊
		㈣山川河嶽的描寫	育達週刊
		㈤鄉村與城市的描寫	育達週刊
		㈥人物的的描寫	育達週刊
	詩	天涯尋夢	葡萄園詩
1979	論著	學校教育眞的正常了嗎？	中華日報、師範大學教育論文存館編號〇五八八號
	論著	學校紛擾之癥結	中華日報、師範大學教育論文存館編號〇五八五號
	論著	國語文教學方法的探討	中華日報、師大教育論文輯
	文	北宜路上的秋色	新文藝、師範大學資料第三輯
	文	古城三峽	中央日報
	論評	評議：論學校紛擾之癥結	中央圖書館編號存館 師範大學資料第三輯
	論評	幼稚教育輔導列管問題	中央圖書館編存師大政大編號列存
	論評	建教合作應循的方向	自立晚報存館編列政大、師大論文索引
	論評	維護農村經濟繼續發展	自立晚報
	論評	論校園開放問題	自立晚報
	文	返鄉手記之㈠　共十篇	自由時報連載
1980	文	我來到了宜蘭	青年戰士報
	詩	江南春	中央日報
	詩	宜蘭、大溪灣	葡萄園詩刊

	詩	高山之旅　葡萄園詩刊	
	詩	農家　葡萄園詩刊	
	詩	豐收的構成	中央日報副刊
	詩	橋之㈠	秋水詩刊
	詩	街景	大海洋詩刊、葡萄園詩刊
	詩	氣象四題	民衆日報副刊
	詩	橋之㈡	葡萄園詩刊、秋水詩刊
	詩	秋聲賦	中央日報副刊
	詩	六書寫意	葡萄園詩刊
	詩	鄉愁	葡萄園詩刊、江西景德鎮日報副刊轉載
	詩	焚寄吾母	葡萄園詩刊、秋水詩刊
	詩	獻給森大姐	葡萄園詩刊
	詩	悼奎安大哥	統一日報副刊
	詩	兩封信	葡萄園詩刊、蓮花文獻資料轉載
	詩	披聖袍的惡棍	中央日報副刊
	詩	我們因有三輪車為榮	中央日報副刊、新聞局長宋楚瑜專函讚揚
		（因紐約時報譏三輪車為落後…）	
	詩	午夜零時	葡萄園詩刊
1980	詩	詩的假如共六首	自立晚報庚申端午詩人節（假如專集）
	詩	桃花、李花與杏花	自立晚報庚申端午詩人節（假如專集）
	詩	菊花、牽牛花	自立晚報庚申端午詩人節（假如專集）
	詩	玫瑰花、蘭花	自立晚報庚申端午詩人節（假如專集）
	詩	草之（三）	自立晚報庚申端午詩人節（假如專集）
	詩	花	詩潮四期
	詩	橋之二	秋水詩刊28期

1981	文	伊索寓言	國語日報、育達週刊
	文	愛的教育	國語日報、育達週刊
	文	魯濱遜漂流記	國語日報、育達週刊
	文	簡愛	國語日報、育達週刊
1982	詩	歌與舞	中央日報副刊、福建名城詩報
	詩	弔屈原	國魂四二七期月刊、現代青年月刊
	詩	天涯哭父泣血千里	葡萄園詩刊
	詩	橋之(三)	葡萄園詩刊
	文	花溪尋夢記	現代青年月刊
	文	悼恢緒伯父	親、友集
1982	文	悼聖清哥	親、友集
1983	詩	春蠶	中央日報副刊、福建名城詩報
	詩	春怨	中央日報副刊、福建名城詩報
	詩	風景	中央日報副刊、福建名城詩報
	詩	台北公園即景	中央日報副刊、福建名城詩報
1984	文	斜風細雨訪花溪	世界論壇報、大海洋詩刊
	詩	尋春圖	中央日報副刊
	詩	水手之歌	現代青年月刊、中國詩歌選集
	詩	端午節弔屈原	現代青年月刊
	詩	門前嶺有序	葡萄園詩刊
1985	文	我看育達	育達週刊
	文	作品賞析：快樂的十七歲	育達週刊
	文	作品賞析：秋輕輕地	育達週刊
	文	作品賞析：母親的叮嚀	育達週刊
	文	作品賞析：芳鄰	育達週刊
	文	作品賞析：讀書的苦樂	育達週刊
	文	作品賞析：下課十分鐘	育達週刊
	文	作品賞析：明天的期待	育達週刊

	文	作品賞析：秋情絲絲	育達週刊
	文	作品賞析：秋戀	育達週刊
1986	詩	台北觀圖記	育達週刊、現代青年月刊
	詩	歷史的呼喚	世界日報發表（30餘年前寫）
	文	作品賞析：雨後㈠	育達週刊
	文	作品賞析：雨後㈡	育達週刊
	文	作品賞析：故鄉的八角樓	育達週刊
	文	作品賞析：人生的夢	育達週刊
	文	作品賞析：談孝道	育達週刊
	文	作品賞析：談商業道德	育達週刊
	文	寫作應注意事項	中國語文月刊、育達週刊
	文	蘭亭會散	育達週刊
	文	廬山、清境、霧峰二日遊	育達週刊
	文	育達生日禮讚	育達週刊
1987	論文	論教學觀摩應走的方向	中華日報教與學、中國風月刊（發排、停刊） 人文及社會科教學通訊月刊
	論文	新十思疏	世界論壇報專欄（上下篇）
	詩	春之歌（春之小引）	育達週刊（寫作典辭）
	詩	夏之頌（夏之小引）	育達週刊（載寫作詞典）
	詩	秋之戀（秋之小引）	育達週刊（載寫作詞典）
	詩	冬之聲（冬之小引）	育達週刊（載寫作詞典）
	詩	謁黃陵	世界詩頁
1988	文	憶我先祖父和先外祖父	江西文獻月刊
	文	返鄉手記之一	自由時報副刊(六月16至六月19)
1989	詩	蛇主當令一給良方	育達週刊（手寫排版）
	論文	我們這社會專欄	統一日報學者專欄
		從法務部長關說談起	統一日報學者專欄
		從高爾夫球場說起	統一日報學者專欄

		教育百年大計操在督學之手	統一日報學者專欄
		復楊祖　女士來函	統一日報學者專欄
		不容資本家操縱土地	統一日報學者專欄
		誰破壞了正常交易	統一日報學者專欄
		考試決定課程：教學	統一日報學者專欄
		一客冰淇淋70元一餐25萬	統一日報學者專欄
		戰士授田證是誰搞混了	統一日報學者專欄
		機車帶來交通困難	統一日報學者專欄
	論文	立法委員帶槍上陣	統一日報學者論壇
	論文	亞洲時報座談會發言稿	亞洲時報
	文	金門行	現代青年月刊
	文	世界名著評介：傲慢與偏見	育達週刊（署名：賀禧）
1989	文	世界名著評介：兒女英雄傳	育達週刊（署名：賀禧）
	文	世界名著評介：脂肪球	育達週刊（署名：賀禧）
	文	世界名著評介：浮生六記	育達週刊（署名：賀禧）
	文	世界名著評介：十日談	育達週刊（署名：賀禧）
	文	世界名著評介：茶花女	育達週刊（署名：賀禧）
	文	世界名著評介：儒林外史	育達週刊（署名：賀禧）
	文	世界名著評介：老殘遊記	育達週刊（署名：賀禧）
	文	世界名著評介：三國演義	育達週刊（署名：賀禧）
	文	世界名著評介：紅樓夢	育達週刊（署名：賀禧）
	文	世界名著評介：西廂記	育達週刊（署名：賀禧）
	文	世界名著評介：水滸傳	育達週刊（署名：賀禧）
	文	世界名著評介：一千零一夜	育達週刊（署名：賀禧）
	文	世界名著評介：鐘樓怪人	育達週刊（署名：賀禧）
	文	世界名著評介：小婦人	育達週刊（署名：賀禧）
1990	詩	有情人終將老去	現代青年月刊
	文	返鄉手記之㈡共42篇	台灣時報
	文	返鄉手記之㈢共12篇	台灣時報
	文	世界名著評介：猶逖士	育達週刊（署名：賀禧）
	文	世界名著評介：少年維特之煩惱	育達週刊（署名：賀禧）
	文	世界名著評介：羅密歐與朱麗葉	育達週刊（署名：賀禧）

	文	世界名著評介：兒女英雄傳	育達週刊（署名：賀禧）
	文	大陸遊?共十七篇	台灣時報
	文	江西蓮花小碧嶺	台灣時報
	文	岷江夜月朦朧	台灣時報
	文	滿城榕蔭話福州	台灣時報
	文	泉州美麗僑鄉	台灣時報
	文	廈門風景好	台灣時報
	文	廣州東方賓館小吃	台灣時報
	文	孔廟裡諸神並列	台灣時報
	文	郵票上的歷史人物	台灣時報
	文	黃花崗烈士墓	台灣時報
	文	廣州中山大學環境幽美	台灣時報
	文	桂林獨秀峰	台灣時報
	文	桂林香花千里	台灣時報
	文	灕江美景如詩	台灣時報
	文	江清水淺船只到楊堤	台灣時報
	文	蘆笛岩仙境	台灣時報
1990	文	清源山美景如畫	台灣時報
	文	唐詩賞析100篇	育達週刊、青年月刊、國語日報
1992	論著	我對當今中國問題的看法（共5篇）	世界論壇專欄
	文	離家的小白鴿（上下）	世界論壇報副刊
	文	返鄉手記之（四）共16篇	世界論壇報副刊
	文	傑出的少女畫家－馮玨	環球日報、世界日報
	評論	評：西籬的夢歌	世界論壇報
		驀然回首50年序	現代青年月刊
1993		唐詩賞析之（二）	育達週刊
		洗手作羹湯　王建	育達週刊
		雙淚落居前　張祜	育達週刊
		懷君屬秋夜　韋應物	育達週刊
		粒粒皆辛苦	育達週刊
		野渡無舟自橫　韋應物	育達週刊

		稱名憶舊容	李益	育達週刊
		一夜征人盡望鄉	李益	育達週刊
		雲深不之處	賈島	育達週刊
		大雪滿弓刀	盧綸	育達週刊
		輕羅小扇撲流螢	杜牧	育達週刊
		夕陽無限好	李商隱	育達週刊
		春風十里揚州路	杜牧	育達週刊
		夜泊秦淮近酒家	杜牧	育達週刊
		君問歸期未有期	李商隱	育達週刊
		猶是春歸夢裡人	陳陶	育達週刊
		洞房昨夜停紅燭	朱慶餘	育達週刊
		客舍青青柳色新	王維	育達週刊
		水村山郭酒旗風	杜牧	育達週刊
1994	論文	千島湖慘案評議		世界論壇報專欄
	文	台灣鄉親安啦		聊天雜誌月刊
	論評	評南昌大學學生的詩		南昌大學校刊、現代青年月刊
		唐詩選讀序		育達週刊
1995	文	一個意想不到的地方		世界論壇報專欄
	文	反對一定要有道理		世界論壇報專欄
1995	論著	論兩岸國號、國旗、國歌		聊天、漏網新聞雜誌、世界論壇報轉載
		給他做風紀股長		輿論廣場
	文	悼女詩人李仲秋		大海洋、世界論壇
1996	文	這樣中共當然怕啦		世界論壇報專欄、國是評論月刊
	論著	兩岸問題最智慧的選擇		國是評論月刊
	文	談選舉講信義問因果		國是評論月刊、世界論壇報專欄
	論著	抗議美國軍艦進入中國海峽		國是評論月刊、世界論壇報專欄
	文	叩應聲中的省思（上下）		世界論壇報
	論著	中國威脅論很荒謬 （上下）		世界論壇報

	詩	京九禮讚	廣東珠江潮月刊、世界論壇報副刊
	文	賀氏姓源考	江西文獻月刊
	詩	山語（最難忘…）	大海洋詩刊
	文	第三顆原子彈落在何處	世界論壇報
1997	文	廢省難道不是搞台獨	世界論壇報專欄
	詩	新詩三章	葡萄園詩刊、中國詩選
	文	明建：復古（禮）書院索引	江西文獻月刊
	詩	訪滕王閣	世界詩頁
	詩	謁祖祠	世界詩頁
	詩	訪漁港	世界詩頁
1998	文	山不過來我過去	國是評論月刊、世界論壇報
	文	與其廢省不如廢中央	國是評論月刊、世界論壇報
	文	台灣的命運全中國人決定	國是評論月刊、世界論壇報
	文	難道他們要一國一制	國是評論月刊、世界論壇報
	詩	歸來	98大海洋詩刊
	詩	中秋夜遊	世副、江西文獻、葡萄園詩刊
	文	你們爲什麼不說話不生氣	世界論壇報
	詩	詩三首（給汐止、給淑美、給自己）	葡萄園詩刊
	詩	月露風雲篇（一）七首	乾坤詩刊
	詩	月露風雲篇（二）五首	乾坤詩刊
	文	對「履?」一詩的推敲	世界詩頁
	詩	向「抗洪搶險」的英雄致敬	世界論壇報
	詩	台灣寫眞	世界詩頁
1999	論文	論李登輝的大格局	世界論壇報
	論文	宋、許攜手是其時也	世界論壇報
	詩	大西線「南水北調」工程頌	世界論壇報
1999	論文	我替宋楚瑜宣佈參選總統	世界論壇報
	論文	評台灣的主張	世界論壇報
	文	生活在日本「週邊地區的人們」	世界論壇報

國家圖書館出版品預行編目資料

遊目騁懷觀光集 / 賀志堅著. -- 初版. -- 臺北
市: 文史哲, 民 91
面 ： 公分 - （文學叢刊 ; 144）
ISBN 957-549-458-x (平裝)

690 91013956

文學叢刊 ⑭③

遊目騁懷觀光集

著者：賀志堅
出版者：文史哲出版社
登記證字號：行政院新聞局版臺業字五三三七號
發行人：彭正雄
發行所：文史哲出版社
印刷者：文史哲出版社
臺北市羅斯福路一段七十二巷四號
郵政劃撥帳號：一六一八〇一七五
電話 886-2-23511028・傳真 886-2-23965656
實價新臺幣三〇〇元
中華民國九十一(2002)年八月初版

ISBN 957-549-458-x